어느 수상한 레이싱 게임 대화

어느 수상한 레이싱 게임 대화

한정영 글 | 김숙경 그림
허건수(한양대학교 미래자동차공학과 교수) 멘토

주니어김영사

멘토의 말

모든 운전자가 탑승자가 되는 그날을 꿈꾸며

자동차는 19세기 말 발명된 이후로 나날이 새로운 기술이 개발되고 발전되었습니다. 현대에 들어서는 환경 보호를 위해 전기, 수소 연료, 태양열 등 대체 에너지를 이용한 친환경 자동차 기술이 개발되었지요. 특히 미국의 전기 자동차 '테슬라'가 열풍을 불러일으키면서 세계적으로 전기 자동차의 판매가 증가하고 있습니다. 교통사고를 줄이고 안전성을 높이기 위해 다양한 지능형 자동차 기술도 개발되고 있지요. 운전자가 탑승자가 될 수 있는 자율주행 자동차는 많은 기대를 받고 있답니다.

이 책에서 레이서가 꿈인 주인공 '채리'는 가상현실 자동차 경주 대회에 참가해, 여러 자동차를 체험합니다. 첫 미션에서 마주한 신기하게 생긴 자동차는 '메르세데스 벤츠'를 창업한 '카를 벤츠'의 부인이 탔던 자동차로, 1888년에 세계 최초로 194킬로미터가 되는 장거리 운전에 성공했습니다. 주인공들이 마차같이 생긴 자동

차를 운전하여 미션을 수행하는 과정을 보며 지금의 자동차가 얼마나 발전되었는지를 깨닫게 될 것입니다. 두 번째 미션에서 현재의 자동차 기술과 교통 문화를 직접 경험하고, 마지막으로 자율주행 트럭을 가상으로 운전하게 됩니다. 자율주행 자동차에서 사람의 눈에 해당하는 여러 센서의 중요성, 자율주행에 적합한 스마트 도로 등 가까운 미래에 펼쳐질 자동차 공학과 환경을 알아볼 수 있지요. 채리가 교통사고로 다리를 다쳤던 아빠를 생각하며 미래 직업을 꿈꾸었듯이 자율주행 자동차가 교통 약자들을 위한 좋은 교통수단이 될 날을 기대해 보아요.

허건수
(한양대학교 미래자동차공학과 교수)

나와 같은 꿈을 그려 볼래요?

어릴 때 작은 꿈을 꾸었습니다. 멋진 자동차를 타고 서울에서 프랑스까지 가 보는 것이었지요. 압록강을 건너 중국을 가로지르고, 중동의 사막을 건넌 다음, 지중해를 따라가다가 파리를 지나 대서양으로 넘어가는 일몰을 보는 거예요.

어떤 '멋진' 자동차가 나의 꿈을 이루어 줄 수 있을까요?

그토록 멀고 먼 길을 가려면 우선 자동차가 튼튼해야겠죠? 때로는 눈이 내리거나 모래바람이 휘몰아치는 험난한 길도 지나야 할 테니까요. 자동차의 모든 기관이 이런 기후에 잘 견뎌야 합니다. 특히 자동차는 아주 복잡하고 섬세한 기계라서 어느 한 곳만 이상이 생겨도 여행에 큰 문제가 생길 수도 있다는 걸 잊어서는 안 되겠지요.

그리고 편리해야 할 거예요. 하루 이틀도 아니고, 수십 일, 아니 수백 일이 걸릴지도 모르기 때문입니다. 불편한 자동차를 타면 쉽게 피로해지고 지칠 거예요. 그러다가 병이라도 나면 '꿈'도 함께 멈추겠지요.

사실 이 꿈은 나만 가지고 있는 꿈은 아닙니다. 세상 모든 사람의 꿈이지요. 어디든 안전하고 빠르게 가기 위하여 공학자들은 자동차를 끊임없이 연구하고 개발했지요. 매번 불가능에 도전하면서 말이에요. 그 덕분에 없어서는 안 될 것 같았던 운전자를 '운전'으로부터 해방시키기에 이르렀어요. 아직 더 많은 숙제가 남아 있겠지만 세계 여러 자동차 회사가 다양한 자율주행 자동차를 선보이고 있고, 오래지 않아 스스로 목적지까지 안전하게 달려가는 자동차가 탄생할 것입니다.

그래서 꿈이 하나 더 생겼습니다. 운전은 자동차에게 맡기고, 나는 자동차 안에서 영화를 보고 독서를 하거나 가족, 친구들과 재미있는 이야기를 나누는 것이지요. 아, 간단한 요리도 할 수 있었으면 좋겠어요. 내가 좋아하는 아주 매운맛 떡볶이도 만들 수 있을 거예요.

저와 같은 꿈을 꾸어 보지 않을래요? 자, 그럼 시동 버튼을 누르고 출발!

한정영

차례

1

출발

자율주행 모드

경로 탐색

도움말

오, 나의 아프로디테

"부아아앙!"

가속 페달을 밟자마자 자동차가 큰 소리를 내며 경사진 언덕길을 빠르게 내달았다. 언덕 꼭대기에 다다른 자동차는 허공으로 솟아올랐다.

하나, 둘, 셋, 넷, 다섯!

다섯을 세고 나자 자동차가 땅에 닿으며 출렁거렸다. 채리는 엔진 브레이크를 살짝 당기면서 핸들을 왼쪽으로 꺾었다. 그러자 자동차가 오른쪽으로 쏠리며 곡선 구간을 위태롭게 회전했다. 자칫하면 자동차가 오른쪽 담벼락에 부딪히거나 뒤집어질 수도 있었다.

그러나 속력을 더 줄일 수는 없었다. 앞서가는 72번 자동차를 따라잡을 마지막 기회였다. 굴곡이 심한 도로여서 72번 자동차도 속력을 줄일 게 분명했다. 그래서 위험해도 브레이크를 밟지 않고 그대로 달렸다. 자동차가 오른쪽으로 거의 넘어질 듯 위태로웠지만 하는 수 없었다. 채리는 몸을 최대한 왼쪽으로 기울였다. 자동차는 무사히 모퉁이를 돌았고, 72번 자동차를 코앞에 두었다.

이때다, 하고 다시 가속 페달을 꾹 밟았다. 채리의 자동차는 72번 자동차를 가볍게 앞지르며 쭉 달려 나갔다. 저편 앞에 도로를 가로지른 안내판이 보였다.

'결승선'

채리는 그 아래를 가볍게 통과했다. 그리고 운전석 쪽 유리창을 열었다.

"강채리! 강채리!"

수많은 관중의 함성이 들렸다. 자동차 경주장에 아나운서의 목소리가 울려 퍼졌다.

"강채리 선수가 우승하였습니다. 놀랍습니다. 최연소 여성 레이서로 출전하여 우승을 차지했습니다!"

월!
우승!

채리가 자동차에서 뛰어내리는 순간, 환호성이 더 커졌다. 수십 명의 기자들이 채리를 향해 달려오더니 사진을 찍어 댔다. 어찌나 많은 카메라 플래시가 터지는지 선글라스를 쓰고 있어도 눈이 부실 정도였다. 채리는 살짝 눈을 감았다.

그때, 누군가가 채리의 팔을 잡아당겼다.

"학생, 좀 비켜 줄래요?"

눈을 떠 보니 자동차 경주장이 아니었다. 바로 앞에는 빨간 자동차가 조명에 반짝거렸고, 그 옆으로는 사진 기자들이 자동차를 촬영하고 있었다. 기자 한 명이 채리에게 물러나라는 듯 손짓을 했고, 팔을 끌어당긴 사람은 한주였다.

'아!'

채리는 갑자기 부끄러워졌다. 빨간 자동차를 보고 너무나 예뻐서 제멋대로 상상에 빠지고 말았다. 채리는 얼른 뒤로 물러났지만 그 자동차에서 시선을 뗄 수가 없었다. 살랑거리는 물결처럼 매끈한 곡선의 차체, 먹잇감을 앞에 두고 노려보는 맹수의 눈빛처럼

강렬한 전조등, 어느 하나 마음에 들지 않는 곳이 없었다.

빨간 자동차는 채리가 가장 좋아하는 '아프로디테'였다. 그리스 신화에 나오는 여신의 이름을 딴 그 자동차는 작년에 디자인이 공개된 뒤로 많은 인기를 끌었다. 채리 역시 한눈에 반해 버렸다. 그래서 자동차 관련 잡지에서 아프로디테 사진을 오려 책상 앞에 붙였고, 나중에는 똑같이 생긴 아프로디테 미니어처를 구했다. 물론 지금은 사진이고 미니어처고 엄마가 다 압수해 버렸지만.

'나중에 이런 자동차를 타고 진짜 경주에 나갈 거야!'

아프로디테를 사진으로 처음 보았을 때도, 자동차 박람회장에 와서 직접 마주한 지금과 같은 생각이었다. 실제로 보니 사진보다 더 근사해 보여서 순식간에 엉뚱한 상상에 빠졌다.

"너, 왜 그래? 어디 아파?"

한주가 안경 너머로 큰 눈을 깜박이며 물었다.

"아, 아니야! 이제 뭘 볼까? 저쪽으로 가 볼까?"

채리는 얼른 몸을 돌렸다. 수많은 관람객 사이로 은색 자동차가 눈에 띄었다. 그런데 한주가 다시 팔을 붙잡았다.

"채리야, 이제 그만 가야 해. 지금 출발해도 학원에 닿을까 말까야."

시간을 보니 정말 지금 가야 했다. 그렇지 않아도 아침 일찍 집에서 나올 때 엄마한테 친구 생일 파티에 갔다가 학원을 가겠다고 말했다. 그러자 엄마는 이렇게 주의를 주었다.

"너 또 거짓말하고 피시방 가서 레이싱 게임 하면 가만 안 둬! 용돈, 외출 다 금지야!"

하지만 채리는 하지 말라니까 더 하고 싶었다. 사실 자동차에 관심을 둬서는 안 되는 이유가 또 있기는 했다. 바로 아빠.

"휴우!"

채리는 제자리에 멈춰 선 채 한숨을 내쉬었다. 어쩔 수 없겠지, 생각하며 돌아섰다. 그런데 그때, 뒤쪽에서 살짝 과장된 여자 아나운서 목소리가 기다렸다는 듯이 들려왔다.

"지금 바로 옆 부스에서 깜짝 이벤트로 내년 하반기에 출시될

신형 아프로디테 시승 행사를 진행하고 있습니다. 신형 아프로디테는 이전 아프로디테의 아름다운 외관에 최첨단 기능을 추가하여 그 어떤 자동차보다 최적의 승차감과 안정성을 제공하고 있습니다. 딱 열 팀만 시승이 가능하오니……."

방송을 듣자마자 채리는 발 빠르게 돌아서서 아프로디테 자동차 전시장 쪽으로 내달렸다. 머릿속에 떠오르던 엄마의 모습은 온데간데없었다. 사람들 사이를 헤쳐 가느라 서너 명과 어깨를 부딪쳤다.

"채리야, 어디 가?"

한주가 쫓아오면서 소리 질렀다. 채리는 뒤도 돌아보지 않고 뛰어가 시승장 앞에 가까스로 줄을 섰다. 앞쪽에 이미 열 명에 가까운 사람들이 줄지어 서 있었다.

"우리도 가능하겠지? 설마……."

채리는 막 뒤쫓아 온 한주에게 물었다.

"어휴! 너 정말 못 말리겠다. 학원은 어떡하려고?"

한주가 지친 표정으로 말했다.

"아프로디테를 직접 타 볼 수 있다잖아. 이번 신형은 자율주행 자동차란 말야. 이건 기회라고, 기회!"

채리는 저도 모르게 소리를 높였다. 앞에 서 있던 아저씨가 씩 미소를 지었다. 뒤를 슬쩍 보니 사람들이 그새 열댓 명이나 더 늘어서 있었다. 그때였다. 중학생쯤으로 보이는 빼빼하고 길쭉한 남학생이 슬쩍 앞으로 끼어들었다.

"아, 지금 뭐 하는 거예요? 줄 선 거 안 보여요?"

채리는 버럭 소리를 질렀다. 하지만 길쭉이 오빠는 채리의 말을 들은 체 만 체했다.

"저 형 때문에 우리가 열 번째에 못 들 거 같은데?"

한주의 귓속말에 채리는 더 화가 났다.

"얼른 비켜요! 줄 뒤에 가서 똑바로 서란 말이에요."

그러자 앞에 있던 아저씨도 거들었다.

"그래. 질서를 지켜야지. 이렇게 타고 싶어 하는 사람이 많은데."

그 말에 길쭉이 오빠는 뒤로 물러났다. 뒤편으로 걸어가며 가자미눈을 하고 채리를 노려보았다.

"흥!"

채리는 코웃음을 쳤다.

30분 정도 더 기다리자 빨간색 모자를 쓴 안내원이 다가왔다. 채리와 한주는 함께 자동차에 올라탔다. 채리는 조수석에, 한주는 뒷좌석에 탔다. 안내원은 운전석에 앉아 계기판과 운전대에 있

는 버튼을 이것저것 눌렀다.

"자, 안전벨트 매세요. 출발하겠습니다."

채리는 얼른 안전벨트를 맸다. 안내원은 둘 다 안전벨트를 잘 맸는지 확인하고, 운전석에 있는 녹색 버튼을 눌렀다. 그러자 들릴 듯 말 듯한 작은 소리와 함께 시동이 걸렸다. 곧 자동차가 출발했다. 채리는 가슴이 두근거리고 얼굴이 빨개졌다.

"세상에! 내가 아프로디테를 타 보다니, 그것도 신형을!"

채리는 도무지 믿기지 않았다. 그런데 그때, 좌석 등받이에서 무언가가 꿈틀댔다.

"어엇!"

깜짝 놀라자 안내원이 씩 웃으며 자랑스럽게 말했다.

"등받이 안에 센서가 있어서 탑승자의 체형에 맞게 좌석의 기울기를 조절해 줘. 신형 아프로디테는 운전자뿐만 아니라 동승자의 승차감까지 생각한 자동차란다."

자동차는 부스 옆으로 빠져 전시장 밖으로 나갔다. 빨간색 줄이 그어진 도로를 천천히 달렸다. 회전하는 곳에 다다르자 앞 유리에 회전할 각도가 표시되고, 회전하기에 적절한 속도까지 노란색 글자로 나타났다. 그뿐만 아니라 자동차가 왼쪽으로 회전하는 동안 오른쪽 장애물에 가까워지면 빨간 경고 표시가 나타나기도 했다.

"오!"

한주가 뒷좌석에서 감탄했다.

"보고 있었니? 신형 아프로디테는 자율주행 자동차라, 위험을 미리 감지하는 센서가 곳곳에 부착되어 있어."

"센서……? 센서 등 같은 건가요?"

"비슷한 원리야. 사람이 나타나면 센서가 먼저 알아차리고 불이 켜지듯이, 자동차의 센서는 위험 요소를 미리 파악하고 컴퓨터에 신호를 보내서 화면에 표시해 줘. 특히 운전자가 놓칠 수 있는 사각지대의 위험 요소를 탐지해서 이렇게 미리 알려 주는 거야."

"아! 그럼, 아빠 자동차가 후진할 때 삐삐, 하고 경고음이 나는 것도 센서가 뒤에 닿을 만한 부분을 미리 감지해서 신호를 보내는 거겠네요?"

"앞 유리를 컴퓨터 화면처럼 사용하는 것도 정말 멋져요."

"그렇지? 이것도 신형 아프로디테 장점이야. 너무 짙게 표시되면 운전에 방해가 되기 때문에 얼른 표시되고 사라진단다. 이런 것 말고도 아프로디테는 훨씬 더 다양한 기능을 갖고 있어."

"그게 뭔데요?"

"운전석부터 한번 볼까? 계기판을 보면 다양한 제어 장치가 한

눈에 보이도록 오밀조밀하게 배치됐어. 몇몇 기능은 운전자가 긴급할 때 음성으로 명령을 전달할 수 있게 되어 있고."

"네? 음성이오?"

"응. 긴급 상황에는 기기를 직접 조작하는 것보다 말로 명령하

는 게 더 빠르잖아. 예를 들면……, 정지!"

안내원이 설명하다 말고 갑자기 소리쳤다. 그러자마자 자동차가 끽 소리를 내면서 멈췄다. 그 바람에 몸이 살짝 출렁했다.

"우아, 대단해요!"

채리는 양손 엄지손가락을 번쩍 추켜올렸다.

"너 자동차를 정말 좋아하는구나. 이름이 뭐니?"

안내원 언니가 웃으면서 물었다.

"채리예요. 저는 한주고요. 채리 꿈이 레이서예요!"

대답은 한주가 대신했다.

"오, 아주 멋진데? 그래서 이렇게 자동차에 관심이 많구나. 자동차 안팎을 유심히 관찰하는 걸 보고 짐작했어."

"포뮬러 원(세계적으로 유명한 자동차 경기)에도 나갈 거래요."

이번에도 한주가 대답했다. 채리는 뭐라 덧붙여 말하고 싶었지만 왠지 쑥스러웠다.

"그냥 뭐……."

"대단한걸? 나도 아버지가 반대만 하지 않으셨어도 레이서가 되고 싶었는데."

채리가 더듬거리는 사이 안내원 언니가 말했다.

그 말에 또 한주가 대답했다.

"정말요? 채리도……."

"이런, 벌써 목적지에 도착했네. 자, 안전하게 내리세요."

한주가 말을 다 하기도 전에 시승 서비스가 끝났다. 채리는 자동차에서 내려 다시 한 번 자동차의 겉모습을 살펴보았다. 정말 어디를 보아도 빠질 데 없이 예쁜 자동차였다.

"기회가 되면 또 오렴! 채리, 파이팅!"

안내원 언니가 마지막까지 미소를 지으며 말했다. 그 말을 들으니 기분이 좋아졌다. 그런데 갑자기 한주가 채리의 팔을 힘주어 잡아당겼다.

"알았어! 이제 가면 되잖아."

채리는 한주가 또 학원 가자고 재촉하는 줄 알고 짜증을 부렸다. 돌아보니 한주는 어느 한쪽을 가리키고 있었다.

"저기 저분, 네 아빠 아니야?"

"뭐?"

채리는 재빨리 그쪽을 쳐다보았다. 북쪽 입구에서 북적이는 사람들 틈에 휠체어 한 대가 보였다.

'헉! 아빠잖아?'

아빠는 휠체어를 밀어 주는 사람과 이따금 이야기하면서 천천히 '자율주행 자동차 특별 전시장'이라는 현수막이 걸린 부스로 가고 있었다.

"가자!"

일단 아빠를 피하려면 더 안으로 들어가는 수밖에 없었다. 채리는 사람들을 뚫고 이쪽저쪽으로 나아갔다.

'도대체 아빠가 왜 여길 오신 거지?'

채리는 고개를 갸웃거리며 자꾸만 뒤를 돌아보았다. 무리에 섞여 들어서 아빠의 모습은 더 이상 보이지 않았다.

'아빠도 엄마만큼이나 내가 자동차 좋아하는 거 질색하지 않았나? 그래 놓고 아빠는 자동차 구경하러 온 거야?'

아빠한테 약간 배신감마저 들었다.

"채리야, 이리 가면 동쪽 출입구야."

한주가 저 앞편을 가리켰다. 채리는 서둘러 걷다가 이내 다시 걸음을 멈추었다. 동쪽 출입구 바로 옆에 걸려 있는 커다란 현수막의 문구 때문이었다.

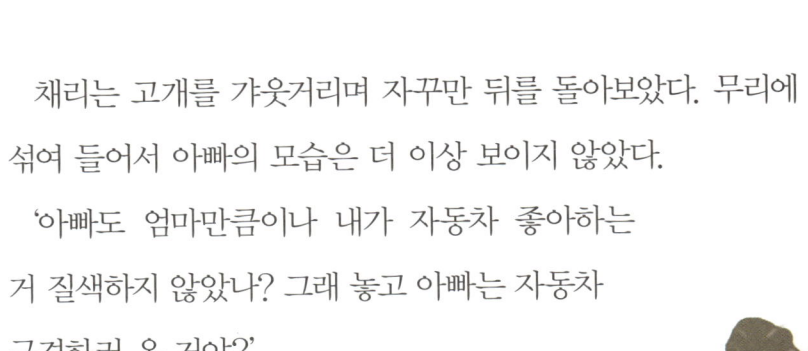

제1회 종합 미션 레이싱 게임 대회

세상에서 가장 수상한 레이싱 게임에

여러분을 초대합니다.

자율주행 자동차
특별 전시장

제1회
종합 미션 레이싱게임 대회
여러분을 초대합니다.
세상에서 가장 수상한
레이싱게임에

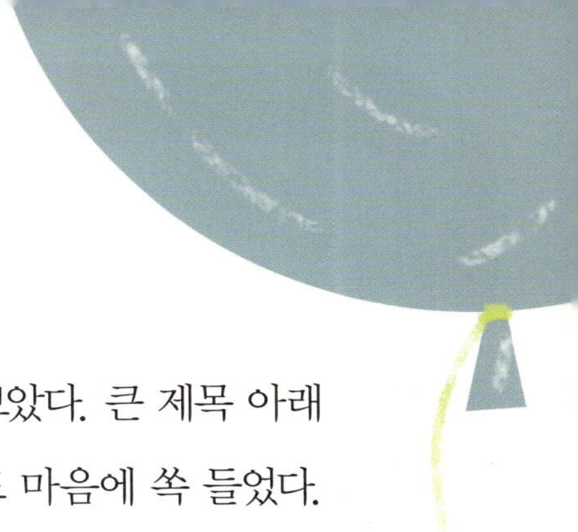

채리는 그 자리에 우뚝 서서 한참을 바라보았다. 큰 제목 아래에 헬멧을 들고 고글을 쓴 레이서들의 그림도 마음에 쏙 들었다. 특히 가장 오른쪽에 있는 선수에게서 눈을 뗄 수 없었다. 그 선수는 선글라스를 끼고, 한 손에는 헬멧을 들고 선 채 미소를 짓고 있었다. 붉은 가죽점퍼를 입고 입술을 앙다문 모습이 예쁘다기보다는 아주 강인한 느낌을 주었다.

한주가 옆에서 한마디 거들었다.

"저 선수, 너 닮았다."

녀석, 눈치도 빨라. 기분 좋으라고 한 말인 것쯤은 알고 있었다. 그렇지만 채리는 정말 저 선수라도 된 듯 어깨가 으쓱 올라갔다. 한주는 뒤따라오며 중얼거렸다.

"그런데 무슨 게임을 한다는 거야? '세상에서 가장 수상한 레이싱 게임'이라니? 뭔가 다른 게임보다 엄청 특별해 보이는데?"

같은 생각을 한 채리는 왠지 가슴이 두근거렸다.

자동차는 어떻게 이루어져 있나요?

자동차는 크게 차체(Body)와 새시(Chassis)로 구분할 수 있습니다. 차체는 자동차의 기본 외부와 내부의 형태를 가리키고, 새시는 자동차가 다양한 기능을 수행하는 데 필요한 온갖 장치를 가리킵니다.

차체

차체는 공기의 저항을 줄일 수 있는 모양으로 만들어집니다. 공기의 저항이 클수록 속도를 내는 데 방해를 하기 때문입니다. 공기의 저항을 최소한으로 하려면 앞부분을 곡선으로 만들고 뒤로 갈수록 뾰족한 형태로 만들어야 합니다. 그래서 대부분의 자동차 디자인이 유선형이랍니다. 차체는 크게 사람이 타는 공간, 엔진실, 트렁크로 구성되어 있고, 세부적으로는 앞 범퍼, 보닛, 전조등, 좌석, 문, 창문, 와이퍼, 선루프 등으로 이루어져 있습니다.

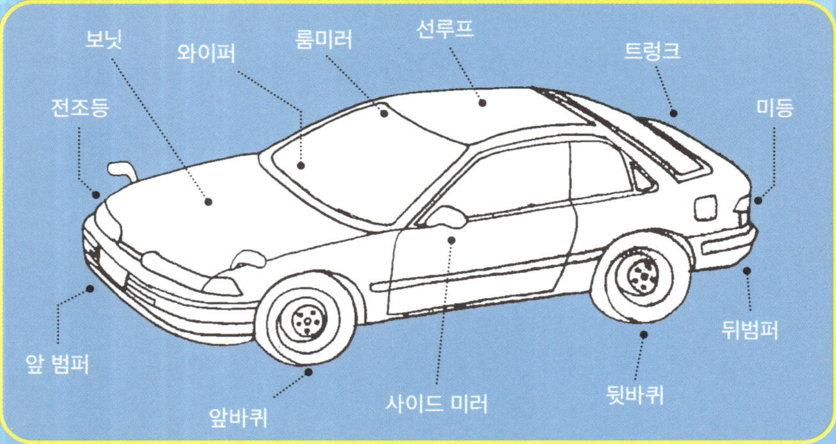

새시

새시는 크게 엔진, 동력 전달 장치, 조향 장치, 제동 장치, 현가 장치로 나뉩니다. 엔진은 자동차가 움직이는 데 필요한 동력을 발생시키는 장치로 가솔린, 가스, 디젤 연료 등을 사용합니다. 동력 전달 장치는 엔진에서 발생한 동력을 바퀴까지 전달하는 역할을 합니다. 클러치, 변속기, 타이어와 휠이 포함되지요. 조향 장치는 운전자가 가려는 방향으로 자동차를 운전하는 데 필요한 장치로, 운전대, 조향 기어 등이 있습니다. 제동 장치는 자동차의 속도를 줄이기 위해 필요한 장치입니다. 흔히 말하는 브레이크가 여기에 해당하는데, 운전 중 사용하는 풋 브레이크와 정지된 상태를 유지시켜 주는 주차 브레이크로 나누어집니다. 현가 장치는 타이어를 땅에 밀착시키면서 자동차가 길바닥으로부터 받는 충격을 완화시키는 장치로, 스프링과 쇼크 업소버로 구성되어 있습니다. 보통은 차의 흔들림이나 충격을 스프링에서 일차로 흡수하고, 그래도 남아 있는 충격을 쇼크 업소버에서 이차로 흡수하는데, 이 원리에 따라 자동차의 승차감이 결정된답니다.

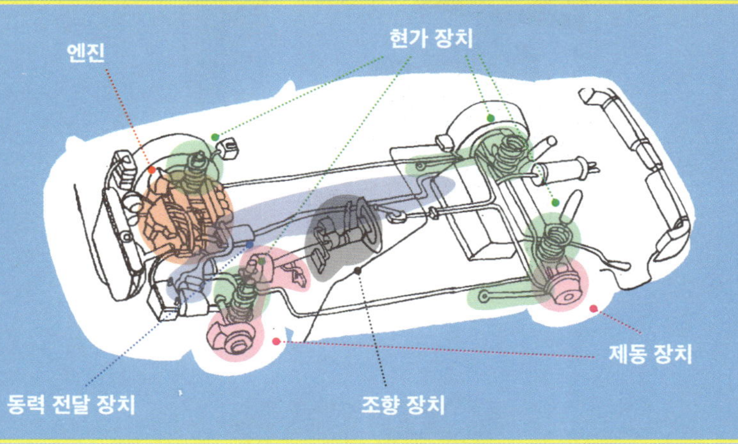

2
출발
자율주행 모드
경로 탐색
도움말

사라진 꿈

"어라? 저건 동네에서 못 보던 자동차인데?"

채리는 107동 앞 주차장을 가로지르다가 파란색 트럭 옆에 세워진 소형 승용차 앞에 우뚝 멈추었다. 보통 소형차보다 작은 데다가 옆에 큰 트럭이 있어서인지 엄마 손 잡고 나온 아기 같았다. 반짝이는 은색에 빨간 띠가 자동차 하단에 빙 둘러져 있었다. 세련되면서도 귀여워 보였다.

"그런데 이건 무슨…… 아!"

채리는 주유구 쪽에 전기 플러그 모양이 있는 것을 보고 고개를 끄덕였다. 전기 자동차였다. 인터넷에서만 보던 차를 직접 보니 신기했다.

"요즘 전기 자동차가 꽤 많아졌다는데 왜 나는 그동안 한 번도 못 봤지?"

채리는 손에 들고 있던 비닐봉지를 아예 땅바닥에 내려놓고 전기 자동차를 꼼꼼하게 살폈다. 문은 운전석과 조수석에 각각 하나씩이고, 좌석은 두 개밖에 없었다. 자동차 안을 들여다보니, 좌석이 분홍색 시트로 깔려 있어 무척 상큼했다.

"한번 타 보고 싶다."

그때, 어디선가 채리를 부르는 소리가 들렸다.

"임채리! 너 또 거기서 뭐 하는 거야? 빨리 다녀오랬더니 왜 또 엉뚱한 데 한눈을 팔고 있어?"

두리번거리다가 위를 보니 엄마가 베란다에 나와 소리를 지르고 있었다.

"알았어요. 가요, 간다고요."

채리는 3층을 올려다보며 대답했다. 그제야 채리는 급한 심부름을 다녀오는 길이었다는 걸 깨달았다. 맞아, 아까는 편의점 앞에 서 있던 빨간 자동차를 감상하느라 한참이나 시간을 그냥 보냈었지. 그 자동차를 보자마자 며칠 전에 타 보았던 아프로디테가 생각나 쉽게 발이 떨어지지 않았기 때문이다. 채리는 얼른 두부가든 비닐봉지를 집어 들고 아파트 현관으로 들어갔다. 엘리베이터를 탈까 하다가 그냥 계단으로 뛰어 올라갔다.

문을 열고 들어서자 엄마가 부엌에서 팔짱을 끼고 서 있었다. 더 이상 잔소리는 하지 않았지만, 표정만으로도 알 수 있었다.

'너 정말 계속 이럴 거야?'

엄마는 아마 그런 말을 입속에 가득 담아 놓고 있을 거였다. 채리는 두부를 식탁 위에 놓고 얼른 돌아섰다. 일인용 소파에서 책을 보고 있는 아빠를 힐끗 쳐다본 다음, 방으로 들어갔다.

"휴!"

채리는 문을 닫자마자 크게 한숨을 내쉬었다. 그리고 책상 의자에 털썩 앉았다. 잠깐 눈을 감았다 떴다. 책상 앞의 벽이 오늘따라 휑해 보였다. 불과 일 년 전까지만 해도 그 벽에는 온갖 자동차 사진이 가득했었다. 사이사이에 유명한 레이서들의 사진도 있었고, 엄마와 함께 멋진 자동차를 타고 찍은 사진도 있었다. 하지만 지금은 단 한 장도 남아 있지 않았다.

책상 위 책꽂이의 맨 아래 칸도 비어 있기는 마찬가지였다. 거기에는 자동차 미니어처가 즐비했었다. 자동차 회사 로고가 박힌 컵, 자동차 스티커, 볼펜 같은 기념품도 있었다. 아빠가 자동차 박물관에서 사 준 자동차 모양 연필깎이가 있던 자리에는 토끼 모양 연필깎이가 대신 놓여 있었다.

그 모든 것을 쓸어 담아 없애 버린 사람은 엄마였다.

'자동차는 안 돼!'라며 벽에 붙어 있던 사진과 브로마이드를 모두 떼어 갔다. 아빠가 퇴원한 지 한 달도 채 되지 않아서였다. 엄마는 심지어 채리가 자동차 박물관에서 레이서 흉내를 내며 찍은 사진도 뜯어냈다. 그리고 채리에게 말했다.

"다시는 레이서가 되겠다는 둥, 자동차가 어떻다는 둥, 그런 말 하지 마. 절대 안 돼!"

그 뒤로는 자동차에 대해서 어떤 말도 할 수 없었고, 게임도 할 수 없었다. 길을 가다가 자동차를 조금이라도 오래 보려 하면 다그치며 돌려세웠다. 그리고 어디 가야 할 일이 있을 때에도 아주 멀지만 않으면 걸어서 가라고 했다.

채리는 엄마 말을 거의 거스르지 않았다. 이렇게까지 된 건 어쩌면 자기 탓도 있다는 생각을 하기 때문이다.

'맞아. 그때 그 사고만 나지 않았더라면? 내가 아빠를 보채지 않

았더라면…….'

채리는 고개를 숙였지만 생각은 더 나아가지 않았다.

마침 휴대 전화 진동이 울렸다. 한주의 메시지였다. 하지만 채리는 시큰둥했다. 텅 빈 듯한 방 안을 보고 있자니 그냥 쓸쓸하기만 했다. 그래서 아무것도 하고 싶지 않았다. 휴대 전화가 연거푸 부르르 떨렸다.

채리는 하는 수 없이 메시지를 확인했다.

형한테 RC카 빌렸어. 갈래?

"우아!"

환호성이 터져 나왔다. 오래 기다리던 소식이었다. 채리는 재빨리 통화 버튼을 눌렀다.

"정말이야? 어떻게? 내가 써도 돼?"

"당연하지, 우리 사이에."

"우리 사이?"

"어? 아니야. 그, 그냥……."

한주가 말을 더듬었다.

채리는 피식 웃었다. 그 말이 무슨 뜻인지 알고 있었지만 티를 낼 수는 없었다. 그렇지 않아도 학교 친구들이 한주가 남자 친구냐고 자꾸 물어보는 게 신경 쓰였다.

"난 남자애들 시시해."

친구들한테는 그렇게 말해 놓고, 대놓고 한주랑 특별한 사이라고 말해 버리면 체면이 서지 않을 것 같았다.

"지금 가면 돼?"

"응. 삼십 분 뒤에 뚝섬역에서 만나. 한강 둔치에 있는 게임장. 어딘지 알지?"

한주가 대답하는 사이 채리는 이미 외투를 집어 들고 방을 나섰다. 베란다 창 앞에서 휠체어에 앉아 있는 아빠의 뒷모습을 쳐다보았다. 그 모습을 보고 있자니, 코끝이 찡했다. 퇴원한 뒤로 아빠는 늘 저런 모습이었다. 문득 며칠 전, 자동차 박람회에서의 일이 생각났다.

'설마 그때 아빠가 날 본 건 아니겠지?'

물론 보았다면 아빠가 가만있을 리 없었다. 아빠도 엄마가 그 '난리'를 피울 때 채리 편을 들어주지 않았으니까.

'그런데 아빠는 그 박람회장에 왜 간 거지?'

또 다른 의문이 들었지만 채리는 그냥 뛰쳐나왔다. 그리고 집에서 나오자마자 한달음에 지하철역으로 달려갔다. 서둘러 계단을 내려가 플랫폼에 섰다. 바지 주머니가 부르르 떨렸다. 주머니에서 휴대 전화를 꺼내 보니 엄마의 메시지였다.

너 또 피시방 간 거 아니지?

엉뚱한 데 정신 팔면 엄마 정말 화낸다.

채리는 막 도착한 열차에 올라타지 못하고 머뭇거렸다.

"아휴, 참!"

한숨이 절로 나왔다. 엄마가 답답하면서도 왜 이렇게까지 주의를 기울이는지 알았다. 생각하지 않으려 했지만 자꾸만 그때의 일이 생각났다.

아빠는 택시 기사였다. 언젠가 채리가, '아빠는 왜 택시 기사가 됐어요?'라고 묻자, 아빠는 '자동차가 좋아서!'라고 대답했다. 채리가 봐도 딱 그랬다. 비록 낡은 택시였지만, 아빠는 자동차를 애지중지했다. 시간이 날 때마다 자동차 안팎을 깨끗하게 닦았고, 직접 자동차 밑에 들어가 점검을 하기도 했다. 그래서 아빠의 자동차는 언제 어디서든 무리 없이 잘 달렸다. 차 안도 늘 깨끗했고 좋은 향기가 났다.

쉬는 날이면 자동차 전시장에 가서 새로 나온 자동차를 구경하며 사진도 찍었다. 아빠는 아이처럼 멋진 자동차 모형이 있으면 하나둘씩 사 모았고, 자동차 사진을 스크랩하기도 했다. 그렇게 모은 것들을 채리가 아주 어릴 때부터 채리에게 보여 주었고, 알아듣지 못해도 자랑스럽게 설명해 주었다. 그리고 채리가 크면서 그것들은 하나둘씩 채리의 것이 되었다. 아빠의 영향인지는 몰라도 채리도 자동차가 무척 좋았다. 아빠가 함께 자동차를 타고 멋진 경치를 보러 다니는 것도 좋았고, 지나가는 자동차들을 구경하며 차종을 알아맞히는 것도 좋았다. 올망졸망한 자동차 미니어처도 마음에 쏙 들었다.

채리는 멋진 차들을 타고 끝없이 펼쳐진 도로를 달리는 상상을 하곤 했다. 어느 날 무심코 '아빠, 나도 자동차 운전하고 싶어.'라고 말했더니, 아빠는 채리의 생일날 RC카를 선물했다. RC카는 무선으로 조종하는 모형 자동차이다. 비록 칠이 벗겨지고 낡은 티가 났지만, 아빠는 솜씨 좋게 물감을 칠해서 새것처럼 만들어 주었다.

아빠의 손에서 다시 탄생한 RC카는 노란색에, 가로로 빨간 줄

이 있는 경주용 자동차였다. 보닛과 운전석 쪽 문에 숫자 '33'이 찍혀 있었다. 아빠는 쉬는 날이면 종종 한강 둔치나 넓은 공터에 가서 채리에게 RC카 조종법을 가르쳐 주었다. 비록 일 년 만에 RC카는 산산조각 났지만.

채리가 레이서에 흥미를 느낀 건, 아빠와 레이싱 경기를 구경 간 날부터였다. 마침 그날, 아마추어 자동차 경주대회가 열렸다. 일곱 째인가 여덟 번째 대회였는데, 우승한 자동차는 새빨간 자동차였다. 자동차가 멈추고 그

와 와
결승선
13

안에서 은회색 유니폼을 입고 빨간 머플러를 휘날리며 내린 선수는 뜻밖에도 멋진 언니였다. 우승 선수는 거의 아저씨들이나 오빠들이었는데 의외였다. 선글라스를 벗어 머리에 꽂으며 관중을 향해 손 흔드는 우승자의 모습을 보는 순간, 채리는 주먹을 꼭 쥐었다. 저토록 당당한 모습이라니! 게다가 이름은 한채린. 채리와 이름도 비슷해서 꼭 운명 같았다.

"아빠, 나도 레이서가 될 거야!"

채리의 다짐에 아빠는 웃기만 했고 엄마는 시큰둥했다. 채리는 진심이었다. 그날부터 자동차에 더욱 깊이 빠져들었다. 그때까지만 해도 엄마는 '넌 자동차가 그렇게 좋니?' 정도의 잔소리만 했을 뿐이었다. 하지만 사고 이후 엄마의 태도는 완전히 달라졌다.

그날은 채린 언니가 경주 대회에 출전하는 날이었다. 그래서 아빠에게 데려다 달라고 졸랐다. 전날 새벽까지 운전하고 온 아빠가 나중에 가자고 달랬지만, 채리는 조르고 졸랐다. 아빠는 출발 전부터 피곤한 기색이 역력했다. 채리는 모른 체했다. 당장 가지 않으면 또 몇 달을 기다리게 될지 몰랐다.

올림픽 대로를 나서자 도로가 꽉꽉 막혔고, 아빠는 졸기 시작했다. 나른한 햇살 때문에 더 그런 모양이었다. 어쩌면 그때라도 돌아가자고 해야 했을까.

조금 뒤에 도로 정체가 풀리기 시작했지만, 이번에는 비가 내렸다. 그래서 아빠가 또 조심스럽게 말했다.

"채리야, 비도 오는데 되돌아가야 할 것 같아."

하지만 채리는 아빠의 팔에 매달려 꼭 가야 한다고 고집을 부렸다. 그때, 빗길에 미끄러진 자동차가 아빠의 자동차를 들이받아 버렸다.

"끼이이익! 콰쾅! 쾅~!"

엄청난 소리와 함께 정신을 잃었다가 눈을 떴을 때, 자동차는 뒤집어져 있었고, 아빠가 채리의 몸을 덮고 있었다. 그 덕분에 채리는 이마에 상처가 조금 생긴 것 외엔 크게 다친 곳이 없었다. 하지만 아빠의 다리가…….

더 이상 생각하고 싶지 않았다. 채리는 고개를 세차게 흔들고 숨을 길게 내쉬었다. 다시 휴대 전화가 부르르 떨렸다. 한주였다.

왜 안 와? 지하철은 탔어?

채리는 한참 동안 메시지를 보았다. 그리고 결심한 듯 다시 몸을 돌려 지하철역 계단을 하나씩 올랐다. 또 진동이 울렸다. 이번에는 메시지가 아니라 전화였다.

"더 늦어? 여기 사람들 꽤 있어. 이따가 제대로 된 게임도 벌일 것 같아!"

통화 아이콘을 터치하자마자 한주의 말이 쏟아졌다. 무슨 상황인지 다시 물으려는데, 또 한주가 외쳤다.

"몬스터 트럭도 있고, 아프로디테도 있어."

"정말?"

채리는 아프로디테라는 말에 정신이 번쩍 나 밖으로 나가려고 오르던 계단을 다시 내려갔다.

"응, 진짜야! 못 보던 자동차도 많고. 지금 이 소리 들려?"

전화기 너머에서 시끄러운 소음이 들렸다.

"부릉부릉! 부아아앙! 끼이이익!"

그 소리를 듣자 심장이 빨리 뛰는 느낌이 들었다. 채리는 막 들어온 지하철에 얼른 올라탔다. 한주는 계속 실시간으로 상황을 설명했다.

"게임 시작했나 봐! 와, 저 까만 몬스터 트럭 장난 아니야! 바퀴가 엄청 커! 우아, 뒤집어졌는데도 금방 일어나!"

'칫!'

채리는 마음이 급해서 입술을 삐죽 내밀었다. 머릿속으로는 자동차들이 언덕을 오르내리고, 서로 앞서거니 뒤서거니 하며 질주

하는 모습이 그려졌다.

한강 둔치에 도착했을 때는 경주가 끝난 것 같았다. 동호회 사람들이 삼삼오오 모여서 저마다 RC카를 앞에 세워 두고 이야기를 나누고 있었고, 또래 아이들은 아빠와 함께 조종법을 배우고 있었다.

"저 자동차 보이지? 저 차가 아까 일등 했어."

채리는 한주가 가리키는 쪽을 쳐다보았다. 시커먼 몬스터 트럭이 한눈에 들어왔다. 그 주변에는 중학생 오빠들이 서넛 모여 있었다. 하지만 채리는 몬스터 트럭에는 별 관심이 없었다.

'아프로디테는 어디 있지?'

열심히 두리번거렸지만 아프로디테는 보이지 않았다. 그걸 눈치챈 한주가 말했다.

"아까까지만 해도 있었는데…… 금방 갔나 보다."

아쉬웠지만 어쩔 수 없었다. 그 대신 채리는 한주의 발아래 놓인 파란색 레이싱 RC카를 구경했다.

"휴! 이게 얼마 만이람?"

아빠가 사다 준 RC카는 사고 때 부서졌고, 그 이후로는 아주 가끔 한주가 형 것을 가지고 나오면 몇 번 만져 본 게 전부였다.

이 한강 둔치에 나와 본 것도 이번이 두 번째였다.

"자, 이거 받아."

한주가 무선 조종기를 내밀었다. 채리는 얼른 무선 조종기를 받아 들었다. 자동차의 운전대를 닮은 조종기는 만질수록 손에 착착 감기는 느낌이었다. 채리는 조종기 한가운데에 있는 흰색 버튼을 눌렀다. 그러자 버튼 전체가 빨갛게 물들었다. 동시에 파란색 RC카의 헤드 램프가 두 번 깜빡였다. 이어 왼쪽에 있는 전진 버튼을 누르자 자동차가 앞으로 쭉 나아갔다. 이번에는 후진 버튼을 눌러 보았다. 자동차가 뒤로 스륵 움직였다. 느낌이 좋았다.

"저쪽에 가서 해 봐."

한주가 오른쪽을 가리켰다. 그쪽에는 간이 게임장이 설치되어 있었다. RC카가 질주할 수 있는 도로가 보였다. 직선 구간도 있고, 굴곡이 심한 구간도 있고, 다양한 장애물도 곳곳에 놓여 있었다. 채리는 무선 조종기를 조작하며 자동차를 게임장 안으로 몰고 갔다. 그리고 경기장 왼편의 둔덕 위로 올라갔다. 경기장이 훤히 내려다보였다. 이미 몇몇 사람이 주행 연습을 하고 있었다.

"출발!"

옆에서 한주가 외쳤다. 채리는 반사적으로 전진 버튼을 꾹 눌렀다. 자동차는 쏜살같이 앞으로 달려나갔다. 버튼을 더 힘껏 누르자 속도가 더 빨라졌다. 좌회전과 우회전 버튼을 번갈아 누르며 자동차를 조종했다. 장애물도 모두 피했고, 언덕에서는 자동차가 멋지게 날아오르기도 했다. 오랜만에 조종을 해 보는 터라 이따금 차가 도로 선 밖으로 넘어가기도 했고, 얼결에 벽에 부딪히기도 했다. 하지만 경기장을 두어 번 돌고 나니 금세 익숙해졌다.

"오, 역시 잘하는데?"

옆에서 한주가 칭찬했고, 채리는 어깨가 으쓱해졌다. 왼편에서 서른 살쯤 되어 보이는 아저씨도 열심히 무선 조종기를 누르고 있었는데, 아저씨의 흰색 RC카는 도로에서 자주 벗어나 여기저기를 박고 다녔다. 그걸 보니 공연히 웃음이 났다.

"헤헤, 내가 더 잘하네."

그런데 어느 즈음이었을까? 채리가 굴곡진 도로에서 왼쪽으로 회전하는데, 그 너머로 몬스터 트럭이 나타났다. 새까만 트럭이었다. 바퀴 네 개가 차체 덩치보다 더 커 보였다. 말 그대로 몬스터 같았다. 경기장 맞은편에 그 자동차를 조종하고 있는 사람이 얼핏 보였다. 몬스터 트럭은 갑자기 경주장 안으로 들어오더니, 도로를 이리저리 헤집고 다녔다. 잠시 뒤에는 채리가 조종하는 자동차 뒤를 바싹 따라왔다. 처음에는 그런가 보다 했는데 갑자기 몬스터 트럭이 한주의 자동차를 밀쳤다. 그 바람에 자동차는 한쪽 벽에 부딪혔다. 넘어지지는 않았지만 벽에 긁히는 소리가 크게 들렸다.

채리는 무선 조종기로 쓰러지려는 자동차를 겨우 바로 잡았다. 아니, 그랬다 싶었는데 몬스터 트럭의 바퀴가 한주의 자동차 뒤로 올라왔다. 그러더니 또다시 한주의 자동차를 밀쳤다. 이번에는 퍽 하는 소리와 함께 한주의 자동차가 보도블록 장애물을 들이받고 그 옆 풀숲에 처박혔다.

"아악, 안 돼!"

채리는 소리를 지르며 재빨리 뒤집힌 자동차를 향해 뛰어갔다. 그사이 몬스터 트럭은 한주의 자동차를 올라타 짓밟으며, 큰 바

퀴를 계속 돌려 기어코 자동차를 망가뜨렸다.

그런 다음에야 몬스터 트럭은 반대편 둔덕 위로 올라갔다. 거기에 몬스터 트럭의 주인이 서 있었다.

"도대체 누가 이런……?"

채리는 소리를 지르다가 멈칫했다. 뜻밖에도 둔덕 위에는 자동차 박람회장에서 보았던 길쭉이 오빠가 서 있었다. 길쭉이 오빠는 뭐가 그리 재미있는지 씩 웃었다. 아주 고소하다는 표정이었다.

자동차는 어떻게 움직이나요?

자동차 엔진의 원리

❶ 운전자가 시동 스위치를 누릅니다.

❷ 스타트 모터에 전기가 공급되고, 엔진(엔진의 플라이휠)이 작동합니다.

❸ 동시에 크랭크 축이 회전하고 피스톤이 왕복 운동을 시작합니다. 이 왕복 운동은 크랭크 축에 연결된 커넥팅 로드에 의해 회전 운동으로 바뀌지요.

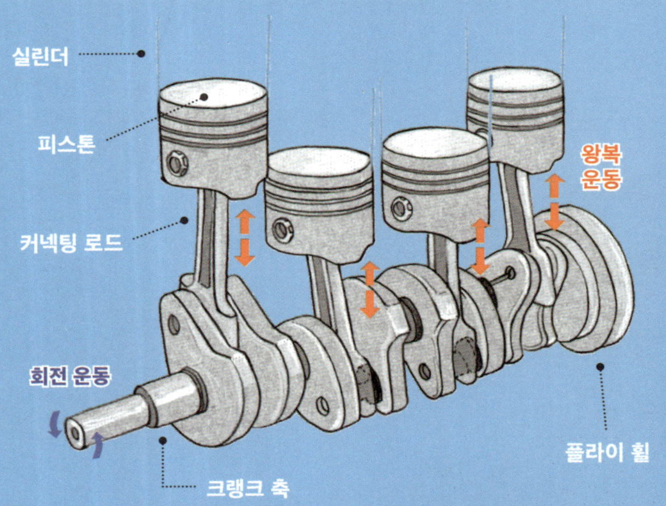

❹ 외부의 공기를 빨아들여 공기가 실린더에 채워지면 연료가 동시에 분사됩니다. 이렇게 생기는 공기와 연료의 혼합물은 피스톤의 위아래로 움직이면서 압축됩니다. 압축된 혼합물은 폭발을 일으키고, 폭발의 힘이 크랭크 축을 통해 회전력(토크)을 만듭니다.

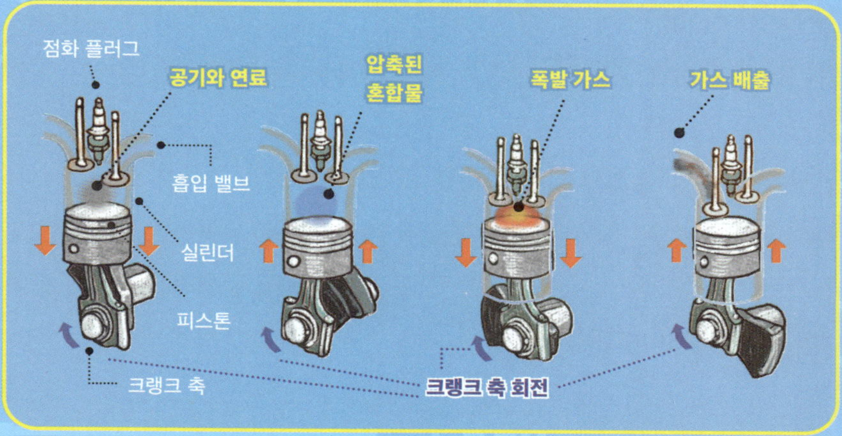

❺ 엔진에서 생성된 동력이 변속기로 전달되는데, 수동 변속 차량에서는 운전자가 기어를 조절하고 클러치를 떼야 합니다.

❻ 운전자가 액셀을 밟는 힘에 따라 변속기가 회전력과 회전 속도를 조절해서 타이어로 동력을 전달합니다. 이제 자동차 출발!

친환경 자동차의 종류

자동차는 대부분 가솔린이나 디젤과 같은 화석 연료로 움직입니다. 화석 연료에서 나오는 공해 물질이 대기 오염과 지구 온난화를 불러일으키지요. 또 우리나라는 원유가 한 방울도 생산되지 않는 나라여서 경제적인 부담도 만만치 않습니다. 화석 연료의 한계를 극복하기 위해서 에너지와 자동차 산업 분야의 과학자들이 친환경 자동차를 열심히 개발하고 있습니다. 지금은 일상에서도 전기 자동차를 쉽게 볼 수 있지요. 수소 자동차와 태양 전지 자동차도 함께 발전하고 있답니다.

하이브리드 자동차

친환경 자동차의 첫걸음은 하이브리드 자동차였습니다. 하이브리드 자동차는 내연 기관과 전기 모터를 모두 가지고 있어서 상황에 따라 전기 모터만 사용합니다. 그래서 공해를 줄일 수 있고 연료도 절감할 수 있습니다. 특히 '플러그인 하이브리드 자동차'는 추가 배터리를 장착하여 짧은 거리는 전기로만 이동합니다. 일반 하이브리드 자동차보다 경제적이지만 자동차 가격은 좀 더 비싸지요.

전기 자동차

전기 자동차 충전 모습

전기 자동차는 화석 연료를 사용하지 않는 완전 무공해 자동차입니다. 또 소음이 적고 조작이 간단한 편입니다. 특히 전기 자동차는 일반 자동차에 비해 부품의 개수도 적습니다. 이 뿐만 아니라 엔진의 진동의 거의 없어서 내구 수명이 아주 길다는 장점도 있습니다. 하지만 아직은 배터리의 용량이 크지 않아 장거리를 갈 수 없고, 충전 시간도 오래 걸리며, 충전소가 제한적이라는 단점이 있습니다. 그럼에도 전기 자동차는 현재 대체 에너지 자동차 중에서 가장 많이 쓰이며, 거리에서 자주 볼 수 있습니다.

수소 자동차

수소 자동차는 수소 연료 전지 자동차를 뜻합니다. 수소를 연료로 사용하며, 더 정확히는 수소와 공기 중의 산소를 통해 얻을 수 있는 전기를 이용합니다. 전기 자동차처럼 완전 무공해 자동차입니다. 전기 자동차에 비해

친환경 자동차 충전소

우수한 점은 연료의 충전 시간이 5분 안팎으로 매우 짧고(전기 자동차는 약 30분), 더 먼 거리를 갈 수 있는 것입니다. 현재의 기술로는 수소 1킬로그램으로 약 100킬로미터를 운행할 수 있다고 합니다. 하지만 아직까지 수소 자동차는 연료 전지 부품의 가격이 높고 수소 연료의 제조 단가가 매우 비쌀 뿐만 아니라, 충전소가 거의 갖추어져 있지 않아 거리에서 쉽게 볼 수 없습니다. 또 연료 전지 시스템의 안정성을 위해 이를 충분히 제어할 수 있는 기술이 더 개발되어야 합니다.

태양 전지 자동차

태양 전지 자동차는 태양 에너지를 이용하는 태양 전지판 집광 능력(태양빛을 모아 에너지로 바꾸는 능력)에 따라 움직일 수 있습니다. 아직까지는 개발 초기 단계라고 합니다. 현재는 태양 전지판을 자동차에 별도로 장착하여 에너지 효율을 높이거나, 주행 거리를 좀 더 연장할 수 있습니다.

3

출발

자율주행 모드

경로 탐색

도움말

첫 번째 게임

“정말 괜찮겠어?”

한주가 채리를 쳐다보며 물었다.

채리는 바로 앞에 있는 1차 미션 게임 룸의 출입문을 바라보았다. 대답 대신 주먹을 꽉 쥐고 고개를 끄덕였다.

긴장이 되긴 했다. 잘할 수 있을지는 솔직히 알 수 없었다. 그래도 해 보고 싶었다. 게임에서 순위권 안에 들면 다양한 혜택이 주어진다. 그중 ‘주니어 레이서 체험학습’ 기회를 잡고 싶었다. 물론 엄마한테 들키면 혼날 게 뻔해서 주저하긴 했다. 하지만 한주의 자동차를 망가뜨린 길쭉이를 보란 듯이 혼내 주기 위해서라도 꼭 게임을 해야겠다 다짐했다.

한강 둔치에서 RC카 조종 연습을 하던 날이었다. 한주가 망가진 자동차를 변상해 달라고 하자 길쭉이는 오리발을 내밀었다.

"서로 연습하다가 그런 건데 내가 왜 물어 주냐?"

채리는 자동차 박람회장에서 새치기하지 말라고 한 일 때문에 일부러 그런 거 아니냐고 따졌다. 그러자 길쭉이는 자기는 기억도 안 난다면서 귀찮게 하지 말라고 했다. 마지막엔 이렇게 말하고는 휙 가 버렸다.

"너희 같은 꼬마 애들 상대할 시간 없어!"

얼결에 서너 걸음 쫓아갔는데, 옆에서 졸졸 따르던 몬스터 트럭이 채리 앞을 턱 막았다. 그 몬스터 트럭은 성난 강아지마냥 채리를 향해 당장이라도 뛰어오를 듯했다. 그래서 채리는 더 따라가지 못했다.

그런데 길쭉이가 가고 난 자리에 무언가 떨어져 있었다. 그것은 다름 아닌 레이싱 게임 대회 팸플릿! 사실 채리도 자동차 박람회장에서 챙겨 왔었다. 얼른 주워 들어 자세히 보니, 팸플릿의 지원서 칸이 이미 다 채워져 있었다.

'이름 길주기, 학교 가로수중학교 2학년…….'

훑어보는 사이 길쭉이가 다시 와서 팸플릿을 냉큼 뺏어갔다.

'풋, 이름이 길주기야? 진짜 길쭉이네!'

채리는 속상해하는 한주를 달래며, 용돈을 모아서 RC카를 고쳐 주겠다고 약속했다. 그리고 집에 가서 그 팸플릿을 꺼내 샅샅이 읽었다.

차세대 자동차 인재 발굴을 위한 레이싱 게임 대회

이 대회는 빨리 달려서 우승하는 경주 대회가 아닙니다. 이제까지와는 정말 색다른 레이싱 게임, 세상에서 가장 수상한 레이싱 게임 대회가 펼쳐집니다!

*** 모두 3차에 걸쳐 미션을 완수해야 합니다.**

*** 1차 레이싱은 10개 조로 나누어 진행하니, 각 조별 일정에 착오 없이 참석하시기 바랍니다.**

- 1차(10/10 대회장1, 2): 100명 선발

- 2차(11/17 대회장2): 30명 선발

- 3차(11/17 대회장1): 우승 발표

*** 모든 미션은 게임 당일, 가상현실 게임 룸 안에서 발표됩니다. 어떤 미션이 여러분을 기다릴까요?**

채리는 고개를 갸웃거리며 안내문을 반복해서 읽었다.

“정말로 세상에서 가장 수상한 레이싱 게임 같잖아?”

아까 대기실에서 한주가 했던 말이 떠올랐다.

“팀원은 최대 세 명이고, 어른은 딱 한 명만 딱 한 번 참가할 수 있대. 네 아빠가 하시면 진짜 좋겠다, 그치?”

규칙을 자세히 살펴보니 정말 그랬다. ‘단, 직접 운전할 수 없음.’이라는 문구도 있었다. 채리는 잠깐이나마 아빠가 있었으면 좋겠다고 생각했다.

그때, 시커먼 유리문이 천천히 열렸다. 동시에 사방에서 안내 방송이 울렸다.

“마지막 조의 모든 게임 참가자는 각 입구에 비치된 가상현실 안경을 착용하고 게임 룸에 입장하십시오.”

채리는 평소에 썼던 것과 달리 헬멧처럼 생긴 가상현실 안경을 단단히 쓰고, 게임 룸으로 들어갔다.

“어? 이, 이게 뭐지?”

채리는 두 번 연달아 놀랐다. 게임 룸이 생각보다 훨씬 넓었고, 또 너무나 낯선 물체가 눈앞에 있었기 때문이다.

“뭐야, 마차야? 아니, 자전거인가?”

얼핏 둘러보아도 교실 정도 되는 널따란 게임 룸 한가운데에 수레를 닮은 물건 하나가 덩그러니 있었다. 앞쪽에는 작은 바퀴 하

1차 미션

나, 뒤쪽에는 그보다 큰 바퀴가 양쪽으로 두 개, 가운데에는 두 사람 정도 앉을 수 있는 좌석이 있었다. 왼쪽에는 긴 쇠막대가 비스듬히 세워져 있었고, 앞쪽에도 손잡이 달린 쇠막대가 우뚝 서 있었다.

"아, 뭔지 알 것 같아! 안 그래 보이지만 이것도 자동차야."

한주가 큰 소리로 말하면서 앞으로 다가갔다. 채리는 '무슨 소리야?' 하는 표정으로 한주를 쳐다보았다. 그때 다시 방송이 나왔다.

"자동차에 탑승하여 다음 안내를 기다리세요."

"정말 이게 자동차라고?"

채리는 고개를 갸웃거렸다.

"응, 틀림없어. 벤츠라는 사람이 만들었다는 세계 최초의 자동차. 전에 그림으로 봤었는데 실제로 보니 정말 멋진데?"

채리는 이상했지만 어쩔 수 없이 자전거, 아니, 자동차에 올라탔다. 좌석 아래쪽 발 디딤판에는 숫자 '33'이 쓰여 있었다. 어디를 보아도 다 엉성해 보였다.

"이게 앞으로 나아가기는 할까? 이걸로 어떻게 레이싱 게임을 한다는 거야?"

자꾸만 걱정스럽고 불안했다. 가상현실로 게임을 한다고 했을 때 아프로디테와 같은 멋진 자동차를 예상했었는데, 이건 너무나 달라서 당황스러웠다. 정말로 세상에서 가장 '수상한' 레이싱 게임이었다.

그때, 게임 룸 한쪽 벽면에 녹색 글자로 된 안내문이 나타났다.

잠시 후 게임이 시작됩니다.
여러분은 지금 1800년대 후반, 독일에 와 있습니다.
'카를 벤츠'의 부인이 탔던 이 자동차로 미션의 목적지
'포르츠하임'까지 정해진 시간 내에 무사히 도착해야 합니다.
운전 방법은 참가자 스스로 알아내야 하며,
시스템에 도움을 청할 경우 3점씩 감점됩니다.

영화관에서 영화가 시작할 때처럼 사방이 캄캄해져서 아무것도 보이지 않았다. 몇 초가 지나자 사방이 밝아졌다.

자동차는 아주 오래된 서양식 집 앞에 서 있었다. 그리고 앞으로는 흙길이, 길 옆으로는 가로수가 길을 따라 주욱 늘어서 있었다. 주변에는 들판이 펼쳐져 있었다. 들판 이곳저곳에 다른 집도 보였고 사람들도 지나다녔다. 양복을 입은 남자들과 드레스를 입은 여자들이었다.

"뭐지? 어떻게 된 거야? 방금 뭐랬더라, 벤츠? 포르츠하임은 또

어디야?"

채리는 신기한 주변 풍경을 두리번거리면서 마구 중얼거렸다. 그리고 대답이 없는 한주를 돌아보았다. 한주는 무언가 생각하는 듯 인상을 잔뜩 찌푸리고 있었다.

"포르츠하임은 벤츠 부인이 처음 이걸 타고 간 곳이었을 거야."

"그래? 그런데 당장 이걸 어떻게 운전해야 한담?"

계속 멍청하게 시간을 낭비할 순 없었다.

"조금만 기다려 봐. 책에서 분명히 봤는데……."

그러더니 한주는 자동차 뒤쪽으로 가서 납작한 원판을 잡고 돌렸다. 세 번쯤 돌렸을까. 부르릉, 하는 소리가 났다.

"오, 시동이 걸렸나 봐! 이제 어떻게 가지?"

"옆에 있는 쇠막대! 그걸 뒤로 당겨 봐."

채리는 한주 말대로 쇠막대기를 쓱 당겼다. 아무 반응 없었다.

"그럼 앞으로?"

반대로 쓱 밀자 과연 마차가 움직이기 시작했다. 아니, 움직이는 것처럼 느껴졌다. 지금까지 해 본 가상현실 게임 중 최고였다.

"와, 이 마차 진짜 신기하다! 잠깐, 운전대가 없잖아. 왼쪽 오른쪽으로 방향을 잡아야 하는데?"

채리의 말에 한주가 앞에 있는 쇠막대를 가리키며 말했다.

"딱 봐도 이게 운전대 같은데? 그리고 마차 아니야! 자동차야, 세계 최초의 자동차!"

채리는 쇠막대 끝에 달린 손잡이를 이리저리 돌려보았다. 그러자 앞바퀴가 이리저리로 방향을 바꾸어 움직였다.

"됐다! 이제 가면 돼. 서둘러!"

채리는 왼편에 있는 쇠막대를 앞으로 더 힘껏 밀었다. 그러자 마차, 아니 자동차가 조금 더 속력을 냈다.

"와! 가고 있어. 한주야, 너 천재다! 어떻게 이런 걸 다 알고 있었어? 너도 레이서가 되는 게 꿈이야?"

"아니, 난 인공 지능 과학자라고. 저번에도 말했거든? 자동차 관련된 건 너한테 알려 주려고 봐 두는 거야."

"정말? 그럼 넌 나한테 필요한 건 뭐든지 다 알려 줄 거야?"

"응, 당연하지. 걱정 마!"

"왜?"

"어? 왜라니……."

채리가 되묻자 한주는 대답을 제대로 하지 못하고 머뭇거렸다. 볼이 빨개진 채 다른 데로 시선을 돌렸다. 채리는 속으로 큭큭 웃었다.

그때, 어디선가 안내 음성이 들렸다.

"33번 자동차는 현재 25위로 달리고 있습니다. 앞서 미션을 마친 조들의 순위를 포함한 종합 순위는 89위입니다."

그 말을 듣는 순간, 채리는 정신이 번쩍 들었다. 각 조마다 30명씩 출발했으니까, 꼴찌에서 다섯 번째라는 뜻이었다. 게다가 첫 미션에서 100명을 뽑는다고 했는데, 89위라면 더더욱 안심할 수가 없었다. 급한 마음에 왼쪽의 막대기를 앞으로 더 쭈욱 밀었다. 그러자 자동차가 조금 움찔거렸다. 하지만 속력은 거기서 거기였다. 한주가 채리의 팔을 붙잡았다.

"안 돼! 너무 속력을 내면 엔진에 무리가 갈 수 있어."

"그럼 어떻게 하라고? 자전거를 타고 가도 이것보단 빠르겠다. 이러다가 첫 미션에서 탈락하면 어떡해?"

"그래도 별 수 없어. 잘못하면 아예 멈춰 설 수도 있단 말이야."

"하!"

채리는 답답했다. 한주의 말도 틀린 게 아니었다. 어쩔 수 없이 한동안 그런 채로 달려야 했다. 그러는 동안 야트막한 언덕을 넘고, 외진 길을 지나기도 했다. 이번에는 울퉁불퉁한 숲길을 달리는가 싶다가 어느 쯤에 오르막길이 나타났다. 그러자 자동차의 속도가 더욱 느려졌다. 막대를 아무리 앞으로 밀어도 속도는 나지 않았다.

"어휴! 이런 고물 마차 같으니라고!"

채리는 짜증을 냈다. 그런데 갑자기 한주가 자동차에서 뛰어내렸다.

"안 되겠어. 밀어야 해. 자동차가 앞으로 가는 느낌이 아니야!"

"아, 자동차가 뒤로 밀리고 있다는 거야?"

과연 주위 경관이 뒤로 휙휙 지나가는 게 아니라, 앞으로 슬슬 나아갔다. 자동차가 뒤로 가고 있다는 뜻이었다. 채리는 한주를 따라 내려 뒤편에서 자동차를 미는 시늉을 했다. 그러자 앞으로 지나가던 풍경이 서서히 뒤로 지나갔다. 자동차가 조금씩 나아가는 듯 했다. 채리가 혹시나 하는 생각에 자동차에서 손을 떼어 보았다. 그러자마자 자동차가 멈추었고, 금세 뒤로 조금씩 밀려났다.

"어엇!"

채리가 깜짝 놀라 다시 자동차를 밀었다. 한참을 밀고 또 밀어야 했다. 온몸이 땀으로 뒤범벅될 때까지. 그런 뒤에야 자동차는 언덕 꼭대기에 다다랐다.

이번에는 내리막길이었다. 자동차는 옆의 쇠막대를 쓰지 않아도 잘 굴러갔다.

"야호!"

채리는 소리를 질렀다. 진짜로 내리막길을 힘차게 달리는 기분이었다. 도로 양쪽의 가로수도 휙휙 지나가고, 몸도 앞으로 기울어졌다. 정말 신기했다.

"채리야, 너무 빨라. 이러다가 지나가는 사람을 치기라도 하면 어떡해!"

주변에 사람들이 조금씩 많아지고 있었다.

"괜찮아. 이 정도는 운전할 수 있어."

채리는 정말로 자신 있었다. 그동안 레이싱 게임을 얼마나 많이 했는데. 이쯤은 아무것도 아니었다. 그리고 지금 속력을 줄이면 순위를 앞당기기 어려울 거란 생각이 들었다. 채리는 입을 앙다물고 정신을 똑바로 차렸다. 그리고 불쑥불쑥 나타나는 사람들을 요리조리 피해 나갔다.

“으악! 앗! 어휴!”

옆에 앉은 한주가 몇 번이나 소리를 질러 댔다. 그럼에도 채리는 아슬아슬하게 사람들을 피하며 내리막길을 질주했다.

그때, 안내 음성이 또 들렸다.

“33번 자동차는 현재 에프 조 11위로 달리고 있습니다. 종합 순위는 67위입니다.”

“휴우!”

채리는 안도의 숨을 길게 내쉬었다. 아까보다 훨씬 앞선 순위였다.

더 큰 문제는 그다음이었다. 내리막길을 다 내려오고 얼마 지나지 않았을 때였다. 사람이 좀 더 많아지는 듯하더니 자그마한 도시의 모습이 나타났다. 바로 거기서, 이때까지 무리 없이 잘 달리던 자동차가 푸르륵 소리를 내며 속력이 눈에 띄게 떨어지더니 결국 멈춰 버렸다.

"뭐지? 어떻게 된 거야? 기름이라도 떨어졌나?"

채리가 두리번거리면서 중얼거렸다.

한주는 얼른 자동차에서 내려 뒤쪽으로 갔다. 노란색 탱크의 뚜껑을 열어 들여다보았다.

"이게 연료 탱크인데, 기름이 하나도 없어."

"뭐? 그럼 주유소를 찾아야지!"

채리는 다시 사방을 두리번거렸다. 하지만 어디에도 주유소는 보이지 않았다. 빵집과 과일 가게, 의상실, 구둣방, 약국, 철물점……. 그래도 이건 게임이니까 반드시 있겠지, 하고 생각했지만 주유소는 어디에도 보이지 않았다. 이 가상 세계에서 자동차라고는 딱 한 대뿐인데 주유소가 있을 리 없었다.

채리는 자동차에서 내려 지나가는 사람에게 물었다.

"기름을 어디에서 사야 하죠?"

하지만 가상현실로 재현된 영상이라, 말이 통하는 사람은 아무도 없었다. 그들은 무심코 길을 지나갈 뿐이었다.

"한주야, 어떻게 좀 해 봐. 이러다가 우리 꼼짝 하겠어!"

채리는 답답해서 소리쳤다. 그러나 한주는 무얼 생각하는지 한 자리에 가만히 서서 움직이지 않았다.

"한주야!"

채리가 한 번 더 부르려는 순간 한주가 말했다.

"연료를 구해 올게! 잠깐만 기다려 봐!"

"뭐? 잠깐, 어디서……?"

한주는 대꾸하지도 않고 길 저편으로 후다닥 뛰어갔다. 그러더니 대뜸 약국 앞을 기웃거렸다. 그러자 약국 안에서 흰색 셔츠에 파란색 조끼를 입은 아저씨가 홀로그램으로 나타났다.

"손님, 무엇이 필요하세요?"

"제 자동차가 멈췄어요. 저…… 그러니까 연료가 필요한데, 무얼 넣어야 할까요?"

한주가 더듬거리며 말했다. 홀로그램 아저씨는 아무런 반응을 보이지 않았다.

"연료요, 연료!"

다급해진 한주는 소리를 빽 질렀다. 홀로그램 아저씨는 여전히 반응이 없었지만 그 앞으로 흰 병 다섯 개가 차례로 나타났다. 각 병에는 이름이 써 있었는데, 왼쪽부터 과산화수소, 솔벤트, 가솔

과산화
수소
솔벤트
가솔린
황산
수은

린, 황산, 수은이었다.

"뭐지? 이것도 게임인가 봐. 너무 쉽잖아?"

그러면서 채리는 가솔린 쪽으로 손을 뻗었다. 다른 건 몰라도, 이 중에서 자동차 연료라면 당연히 가솔린이 맞을 것 같았다. 그런데 한주가 채리의 손을 잡아챘다. 흰 병들 앞에 새로운 글씨가 나타났기 때문이었다.

연료를 잘못 선택할 때마다 5분씩 시간이 차감됩니다.

"헉! 그럼 만약 두 번 잘못 고르면 십 분이나 깎이는 건가? 그럼 순위가 한참 밀릴 텐데?"

채리가 놀라자 곰곰 생각하던 한주가 말했다.

"이 시대에 가솔린을 썼을 리가 없어."

"그런가? 수은은 위험해서 안 썼을 테고, 황산은?"

"황산을 쓰면 자동차가 녹지 않을까? 상처를 소독하는 데 쓰는 과산화수소도 연료로 사용하기에 적절하지 않아."

"그럼, 남는 건 솔벤트인데?"

채리는 고개를 갸웃거렸다. 하지만 고민할 시간이 없었다. 채리는 솔벤트 쪽으로 손을 뻗었다. 그러자마자 홀로그램이 다시 약국 안쪽으로 사라지고, 그 자리에 솔벤트라고 적힌 흰색 병이 놓여 있었다. 한주가 얼른 그것을 집어 드는 시늉을 하자 자동차 뒤에서 연료통 뚜껑이 열렸다가 닫혔다.

"제발……!"

채리는 두 손을 모았다. 그리고 다시 시동을 걸었다. 다행히 자동차가 다시 부르릉 소리를 냈고, 옆의 쇠막대를 밀자 앞으로 나아갔다.

"됐어! 성공이야. 한주 너 완전 천재네?"

그러자 한주가 배시시 웃었다. 또 안내 음성이 나왔다.

"33번 자동차는 현재 에프 조 9위로 달리고 있습니다. 종합 점수로 환산하면 35위입니다."

"우아! 다 네 덕분이야!"

채리는 소리를 지르며 옆에 앉은 한주의 헬멧을 톡톡 두드리고 쓰다듬었다. 한주의 얼굴이 빨개졌다.

'얘는 뭘 이런 거 가지고 얼굴이 빨개져?'

채리는 또 혼자 킥킥 웃었다. 그걸 아는지 모르는지 한주는 아까처럼 딴청을 했다. 채리는 이번 미션에서 완벽한 파트너가 되어 준 한주가 고마워서 업어 주고라도 싶었다.

자동차의 역사

발명 초기의 자동차들

사람들은 자동차가 나타나기 훨씬 전부터 인간이나 동물의 도움 없이, 스스로 달릴 수 있는 교통수단을 만들려고 노력했습니다.

자동차가 처음 발명된 때는 17세기 중반입니다. 증기 기관이 사용되기 시작한 뒤, 프랑스의 기술자 '퀴뇨'가 증기 기관 자동차를 처음으로 만들었습니다. 그 자동차는 바퀴가 세 개였고, 시속 5킬로미터로 달릴 수 있었습니다. 사람이 걷는 속도와 거의 비슷했지요. 퀴뇨의 자동차에는 커다란 물통 모양의 엔진이 앞에 달려 있었습니다. 브레이크와 조향 장치가 없어서 인류 최초의 교통사고를 내기도 했답니다.

이후 1801년 영국의 발명가 '트레비식'이 지름이 3.8미터나 되는 거대한 바퀴를 단 자동차를 만들었는데, 시속 13킬로미터로 달렸습니다.

또 그로부터 약 20년 뒤에는 '핸목'이라는 사람이 증기 버스를 만들어 런던 시내에서 운행했는데, 이 자동차가 최초로 실용화된 자동차였습니다. 이 버스에는 22명까지 탈 수 있었고, 평균 시속은 23킬로미터였답니다.

증기 버스

1885년에는 독일의 기계 기술자 '카를 벤츠'가 가솔린 기관을 완성하는 데 성공하고, 삼륜차를 제작하여 특허를 냈습니다. 카를 벤츠는 같은 시기에 비슷하게 성공을 거둔 '다임러'와 함께 자동차의 아버지라 불렸지요.

메르세데스 벤츠 로고와 벤츠의 초창기 자동차

포드 로고와 포드 '모델 T'

두 사람은 회사를 각각 창립하였고, 1926년 '다임러-벤츠'라는 이름으로 두 회사를 합쳤습니다. 이 회사에서 나온 자동차 이름을 '메르세데스 벤츠'라 불렀고, 그 이름이 오늘날에 이르고 있지요.

1908년에는 '포드' 회사에서 '모델T'라는 새로운 자동차를 발명해 큰 인기를 끌었습니다. 자동차 가격이 낮아진 덕분에 첫해에만 6000대가 넘게 팔렸지요. 이후 대량 생산이 가능해지면서 '모델T'는 미국과 영국, 독일에서도 생산되었고, 여러 자동차 회사가 포드의 생산 방식을 따랐습니다. 포드 덕분에 자동차는 '누구나 탈 수 있는' 교통수단으로 발돋움했답니다.

우리나라 자동차의 역사

우리나라에서는 1903년 처음으로 '포드 A형 리무진'이 운행되었습니다. 미국의 '디트로이트' 회사에서 만든 이 자동차는 고종 황제의 첫 자동차였습

시발 택시

시발 디젤 버스

니다. 이 당시에는 운전할 수 있는 사람이 없어서 일본인 운전 기사가 자동차를 몰았습니다.

우리나라에서 처음 자동차를 만들기 시작한 때는 1955년, '시발자동차' 회사(시발은 '처음'을 뜻해요.)가 설립되면서부터였습니다. 시발자동차 회사는 미국의 지프 300대를 가지고 부품을 새로 만든 다음, 차체는 드럼통을 펴서 만들었습니다. 이후 1962년, '새나라자동차' 회사가 부평에 공장을 세우고 일본의 '닛산' 회사 승용차를 조립해서 제작하기 시작했습니다. 이 과정에서 '하동환 버스'도 제작되었습니다. 한국 전쟁 뒤, 미군이 남기고 간 폐차를 뜯어 보며 자동차를 공부한 하동환은 직접 자동차를 만들었고, 1966년에는 버스를 수출하기도 했습니다.

자동차 산업에 기름을 부은 사건은 1970년 경부 고속 도로 개통이었습니다. '일일 생활권'이란 말을 만들어 낸 경부 고속 도로의 개통으로 자동차의 필요성이 더욱 커졌지요. 이때부터 국내에 자동차 공장이 건설되기 시

하동환 버스

작했습니다. 그리고 1974년, 마침내 '현대자동차' 회사에서 국산 최초의 모델인 '포니'를 만들었습니다. 그렇게 우리나라는 세계에서 열여섯 번째, 아시아에서는 일본에 이어 두 번째로 자동차 생산국이 되었습니다. 이를 발판으로 우리나라에서 생산된 자동차 수가 1980년에는 50만 대를 넘었고, 5년 뒤인 1985년에는 100만 대를 돌파했습니다. 이른바 '마이 카 시대'가 열렸지요. 2000년대 이후에 우리나라는 독일과 미국, 일본 등에 이어 세계에서 손꼽히는 자동차 강국이 되었습니다.

4

아빠라면 어떻게 했을까

"어……?"

채리는 가상현실 안경을 쓰고 게임 룸에 들어서자마자 깊은 한숨을 쉬었다. 2차 미션에서 탈 자동차를 보자, 손에서 땀이 나고 입안이 마르면서 다리가 떨렸다.

'왜 하필?'

뜻밖에도 게임 룸에서 채리를 기다리고 있는 자동차는 파란색 캡을 쓴 주황색 택시였다. 그 택시는 아빠가 타던 것과 똑같은 모양, 똑같은 색깔이었다. 물론 실제 자동차보다는 크기가 작았다. 채리는 선뜻 가까이 다가가지 못하고, 보닛에 쓰여 있는 숫자 '33'

을 멍하니 쳐다보았다.

"뭐지? 이번엔 무슨 미션이길래?"

옆에서 한주가 투덜거리듯 말했다.

"왜 그래? 차 안 탈 거야? 탑승하라고 안내 방송 나오잖아."

한주가 가만히 서 있는 채리를 잡아당겼다. 채리는 침을 꿀꺽 삼키고 택시에 올라타 안전벨트를 맸다. 그러자 첫 미션에서 그랬던 것처럼 게임 룸이 갑자기 캄캄해졌다. 채리는 두근거리는 가슴을 붙잡고 여러 번 심호흡했다.

속으로 다섯쯤 세고 다시 눈을 떴을 때, 기다렸다는 듯 사방이 환해졌다. 둘러보니 흔한 시골 풍경이었다. 눈앞에 2차선 도로가 왼편으로 길게 휘어져 있었다. 길 오른쪽에는 언덕을 따라 스물 대여섯 채의 집이 드문드문 들어서 있었고, 길 왼쪽은 논밭이었다.

"도대체 미션이 뭘까?"

조수석에 앉은 한주가 중얼거렸다. 그러자마자 어두웠던 뒷좌석에 사람이 나타났다. 깜짝 놀라 돌아보니, 이모뻘 되어 보이는 아줌마와 채리 또래 여자아이의 홀로그램이었다. 채리와 한주가 당황하는 사이 아줌마가 다급하게 말했다.

"늘푸른 병원으로 가 주세요, 어서! 우리 아이가 맹장염인 것 같아요!"

"네에?"

아줌마의 말에 한주가 더 크게 놀라며 되물었다. 내비게이션이 아줌마의 말을 알아들었는지, 화면에서 저절로 목적지가 검색되었다. 그리고 곧바로 내비게이션 화면에 글자가 나타났다.

목적지 : 늘푸른 병원

도착 예정 시간 : 3시 20분

현재 시간 : 2시 43분

도착 목표 시간 : 3시 30분

'아, 이게 미션이구나! 환자를 태우고 3시 30분까지 병원에 도착하기!'

채리는 고개를 끄덕였다. 그런데 그때, 다시 내비게이션 화면이 깜빡거리면서 빨간 글씨가 나타났다.

출발 전 자동차를 점검하시겠습니까?

예 / 아니오

채리는 잠시 멈칫했다. 아빠 생각이 또 났다. 아빠는 어디를 가든 항상 출발 전에 자동차를 꼼꼼하게 살폈다. 가장 먼저 타이어를 유심히 보고, 보닛을 열어 엔진 오일을 점검하고, 냉각수를 확인했다. 자동차 실내도 환기했다.

하지만 지금은 그럴 틈이 없었다. 한시가 급한 손님들 때문에도 그렇고, 늦게 출발할수록 순위에 뒤질지도 모른다는 생각이 들었다. 채리는 얼른 '아니오' 버튼을 눌렀다. 그러자 글자가 사라지고 다시 내비게이션 화면이 나타났다.

"이제 얼른 출발하면 돼."

혼잣말을 하면서 운전석을 빠르게 살폈다. 다행히 운전대와 여러 장치, 브레이크와 가속 페달은 모두 평소에 하던 게임기의 모양과 크게 다르지 않았다. 채리는 시동 버튼을 눌렀다. 다시 숨 고르기를 하고, 룸 미러로 뒷좌석에 앉은 두 사람을 살폈다. 여자아이는 식은땀을 흘리며 매우 힘들어 하고 있었다. 그 모습이 얼마나 생생한지 실제로 사람이 타고 있는 것 같았다.

채리는 기어를 넣고, 가속 페달을 살짝 밟았다. 자동차가 움직이기 시작했다. 그때, 뒤쪽의 아줌마가 기다렸다는 듯 외쳤다.

"정말 급해요! 서둘러 주세요. 애가 너무 힘들어 해요."

그 말에 채리는 가속 페달을 더 깊이 밟았다. 동시에 자동차가 빠르게 슝 앞으로 나갔다. 양옆의 풍경이 휙휙 지나갔다. 다행히 주변에 지나다니는 자동차가 많지 않아서 조금 더 속력을 낼 수 있었다. 그사이 도착 예정 시간이 꽤 단축되었다.

하지만 어느 순간, 갑자기 사방이 조금 어두워지는 듯하더니 비가 쏟아지기 시작했다. 그것도 많이. 채리는 얼른 와이퍼를 켜고, 속력을 늦출 수밖에 없었다. 한주가 앞과 옆을 두리번거리면서 말했다.

"이 게임 정말 대단하지 않아? 진짜 비가 오는 것 같아."

채리는 대답 대신 고개를 끄덕였다. 정말 현실처럼 생생하게 느껴졌다. 그때, 뒷좌석에서 비명이 들렸다.

"아이고, 배야! 아이고!"

그 바람에 깜짝 놀란 채리가 가속 페달을 더 힘주어 밟았다. 그러자 속력이 쭉 나는가 싶더니, 자동차가 살짝 옆으로 돌았다. 얼른 브레이크를 밟았다. 자동차는 더 옆으로 쭈욱 미끄러졌다.

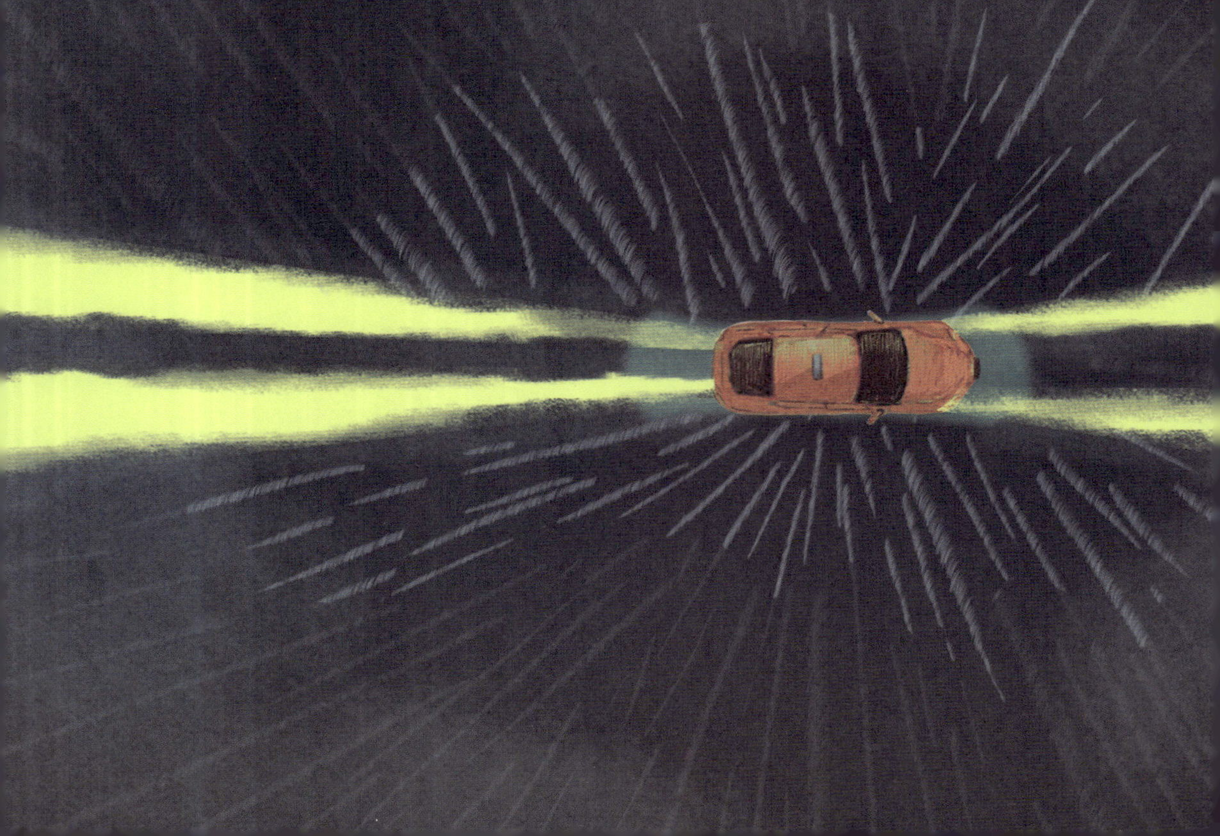

"헉!"

채리는 자신도 모르게 작은 비명을 질렀다. 얼른 발을 떼자 자동차는 이내 제자리를 찾았다. 채리는 가슴을 쓸어내렸다.

"조심해. 비가 와서 길이 미끄럽잖아."

한주의 말에 채리는 침을 꿀꺽 삼키며 고개를 끄덕였다. 상황은 더 나빠지기만 했다. 비가 쏟아지다가 조금 수그러드는 듯하더니, 곧 진눈깨비가 쏟아졌다.

"뭐지? 아무리 가상현실이라지만 너무한 거 아니야? 갑자기 진눈깨비라니!"

한주가 옆에서 투덜댔다. 앞 유리 너머로 진눈깨비가 생생하게 흩날렸다. 혹시나 해서 브레이크를 슬쩍 밟았더니, 실제로 미끄러운 도로 위를 지날 때처럼 자동차가 미끄러지듯 한쪽으로 쏠렸다. 게다가 그즈음부터는 거리에 자동차들이 조금씩 많아지기 시작했다. 물론 택시는 더더욱 속력을 낼 수가 없었다. 진퇴양난이었다. 채리는 내비게이션을 쳐다보았다.

도착 예정 시간: 3시 15분

목표 시간보다 여유가 별로 없었다. 이 속도대로라면 오래지 않아 도착 예정 시간이 3시 30분을 훌쩍 넘길 게 틀림없었다. 그사이 도착 예정 시간이 또 3시 16분으로 바뀌어 있었다.

"어쩌지?"

채리는 초조해 하며 중얼거렸다. 한주가 무슨 생각에서인지 갑자기 내비게이션 화면을 확대해서 이리저리 살펴보기 시작했다.

"왜 그래?"

"지름길! 틀림없이 지름길이 있을…… 이것 봐! 있다, 있어. 이 길로 가면 십 분 정도는 단축할 수 있어."

"정말?"

"응! 저 앞에서 좌회전! 아, 그런데 잠깐만."

한주가 앞의 사거리를 가리키며 말했다. 사거리 너머의 길은 자동차들이 꽉 들어차 있었다.

"무슨 일인데?"

"지름길이긴 한데 비포장도로네. 지도에서 보니까 비포장도로가 끝나는 곳에서 이백 미터만 더 가면 늘푸른 병원이야."

자동차가 신호에 걸려 잠시 멈추어 섰다. 채리는 직진을 할지 좌회전을 할지 신중하게 결정해야 했다. 주변을 살폈다. 잘 포장된 도로이지만 자동차로 가득한 앞길, 그리고 비포장도로라서 어떤 위험이 도사리고 있을지 모르는 왼쪽 길.

'만약 그대로 직진했다가 계속 자동차가 밀리면? 뒤에 타고 있는 아이가 더 위험해질 수도 있어. 또 그렇다고 무턱대고 비포장도로로 들어섰다가 돌발 상황이 닥치면?'

잠시 뒤, 직진과 좌회전을 알리는 동시 신호가 들어왔다. 직진 차선에는 여전히 자동차가 빽빽하게 기어가고 있었고, 좌회전 차선은 비어 있었다. 채리는 어금니를 꽉 물고 꽉 잡은 운전대를 왼쪽으로 돌렸다.

"채리야, 저 길 정말 괜찮겠어?"

한주가 걱정스럽게 물었다. 하지만 채리는 대답을 할 수 없었다.

일단 운전대를 돌렸으니 자신의 선택을 믿는 수밖에 없었다.

채리는 비포장도로로 들어서서 슬쩍 가속 페달을 밟았다. 그러자 기다렸다는 듯 자동차가 덜컹거렸다. 하는 수 없이 속도를 조금 줄였다. 옆으로 허름한 편의점과 식당, 자동차 정비소가 스쳐 지나갔다. 순간, 채리는 자동차 정비소 앞에 멈추었다.

"채리야, 뭐 하는 거야? 시간도 없는데 정비를 받게?"

한주가 말렸지만 채리는 재빨리 차에서 내렸다. 그러자 작업복 차림의 아저씨가 홀로그램으로 나타났다.

"제가 비포장도로를 가야 해서요. 그 전에 자동차 정비를 받아야겠어요."

"비포장도로를 가려면 타이어의 공기압을 조금 낮추고, 휠도 알루미늄의 재질로 바꾸는 게 좋겠습니다. 뒷좌석에 탄 사람이 있다면 쇼크 업소버를 갈아 주는 것도 도움이 됩니다. 대신 이 정비를 받으면, 게임 참가자에게 주어진 시간 중 오 분이 차감됩니다. 정비를 계속하시겠습니까?"

홀로그램 아저씨의 말에 한주가 나섰다.

"오 분? 그렇지 않아도 늦을 것 같은데 오 분을 차감한다고? 이번에는 왜 이렇게 순순히 알려 주나 했네."

채리는 펄쩍 뛰는 한주를 뒤로하고 홀로그램 정비사 아저씨에게

가상 정비

5분 소요

+ 타이어의 공기압을 낮추었습니다.
+ 휠을 알루미늄으로 교체하였습니다.
+ 쇼크 업소버를 새로 교체하였습니다.

말했다.

"계속할게요. 빨리 정비해 주세요."

"네, 뒤로 물러나 주십시오."

홀로그램은 꾸벅 인사를 했다. 채리는 뒤로 물러났고, 홀로그램 정비사 아저씨는 뒤쪽 주머니에서 전자총 같은 것을 꺼냈다. 아저씨는 그걸로 자동차의 타이어와 휠, 그 안쪽 쇼크 업소버 부분을 차례로 쏘았다. 녹색 레이저 광선이 나오는 동시에 휠이 바뀌고 타이어 공기압이 조절되었다.

그리고 운전석에 다시 앉았을 때, 정말로 예정 도착 시간이 오 분 늘어나 있었다. 채리는 서둘러 출발했다. 그런데 무언가 이상했다. 바깥이 좀 전과 달라져 있었다. 비도 진눈깨비도 안 내리고 햇볕이 쨍쨍 내리쬐었다. 비포장도로를 선택하면서 바깥 날씨 설정이 바뀐 것 같았다. 채리는 다시 긴장했다. 게임 룸 설정이 바뀌었다는 건 또 다른 미션이 주어질지 모른다는 의미였으니까.

그때였다.

"아아윽!"

뒤편에서 여자아이의 신음이 크게 들려왔다. 그 소리는 아까보다 더 자주 반복되었다. 채리는 점점 더 조바심이 났다.

"뒤에 저 아이 괜찮을까? 너무 덜컹거려서 더 아프면 어떡하지?

속도를 더 줄여야 하는 거 아닐까?"

한주가 걱정스럽게 물었다.

"그래서 타이어의 공기압도 십 프로쯤 낮게 조절했고, 쇼크 업소버라는 것도 새것으로 바꿨는데. 내가 알기로는 쇼크 업소버가 자동차의 충격을 흡수해 준댔어."

"아하, 뒤에 탄 손님을 위해서 그런 거야?"

"응. 속력을 안 낼 수는 없고, 속력을 내자니 아픈 손님이 더 정신없을 것 같아서 최대한 충격을 줄이려 한 거야."

"우아, 대단하다! 그래서 정비소를 지나치지 않았구나."

"아빠 생각이 나서. 아빠는 출발하기 전에 항상 정비를 잊지 않으셨거든."

"아, 그런데 휠은 왜 갈아 준 거야?"

"비포장도로는 위험하잖아. 작은 돌이 타이어에 박혀서 찢어질 수도 있고. 그런데 휠이 알루미늄이면 타이어가 펑크 나도 잘 찌그러지지 않는대. 그래서 조금은 더 갈 수가 있겠지."

"다른 건 안 그래?"

"응, 그냥 일반 휠은 쉽게 찌그러진대. 그래서 혹시라도 일반 휠인데 타이어가 찢어지면 사고가 더 크게 난댔어."

"그것도 다 아빠가 가르쳐 주신 거야?"

"응. 내가 레이서가 된다니까 아빠가 '레이서는 무조건 운전만 빨리한다고 되는 게 아니라, 자동차를 안전하게 다루는 것도 아주 잘 알아야 해.' 하셨거든."

채리가 아빠의 말투를 따라하며 말했다.

"너희 아빠 예전에는 네가 레이서가 된다 해도 반대하지 않으셨구나."

"응, 사고가 나기 전까지는 오히려 응원하셨지, 뭐."

"아……."

채리의 말에 한주가 고개를 크게 끄덕이며 입을 다물었다.

그런데 그때였다. 길 왼편에 커다란 바위가 솟아있었다. 채리는 재빨리 핸들을 오른쪽으로 돌려 바위를 피했다.

"어어?"

바위를 피하자마자 자동차의 속력이 뚝 떨어졌고, 한주가 고개를 갸웃거렸다. 이내 자동차가 움직이지 않았다. 연이어 자동차가 뒤로 살짝 기우는 느낌이 들었다. 채리는 재빨리 가속 페달을 밟았지만, 위잉 소리와 함께 헛바퀴가 돌았다. 한주가 얼른 내려 뒤쪽으로 달려갔다.

"자동차가 모래에 빠졌어!"

'아차, 이거였구나.'

채리는 게임 룸 설정이 바뀐 이유를 알아차렸다. 자동차에 내려서 가 보니, 뒤쪽 두 바퀴가 모두 모래에 빠져 있었다. 벌써 한 뼘쯤이나 파묻혀 있었다.

"어쩌지?"

채리는 자신도 모르게 발을 동동 굴렀다. 그때 자동차 앞쪽에 메시지가 나타났다.

다른 게임 참가자의 도움을 원하시나요?
운전석 앞의 노란 버튼을 누른 다음,
키패드에서 다른 게임 참가자의 참가 번호를 입력해 주세요.
세 번까지 도움을 요청할 수 있습니다.

채리는 얼른 달려가 운전석 계기판 위에 있는 노란 버튼을 눌렀다. 그리고 잠깐 주저하다가 아무 숫자나 눌렀다.

29.

그러자 내비게이션 화면에 머리를 노랗게 물들인 남자아이가 나타났다. 또래로 보이는 그 아이는 눈을 멀뚱멀뚱 뜨고 이쪽을 쳐다봤다. 채리가 재빨리 물었다.

"우리 자동차가 모래밭에 빠졌어요. 어떻게 빠져나가죠?"

"네? 모래밭? 여긴 그런 거 없는데요? 우린 길이 너무 막혀서 그냥 기다리는 중이에요."

그 아이는 정말로 아무것도 모르는 것 같았고, 표정도 지루해 보였다. 채리는 다시 노란 버튼을 누르고, 이번에는 61번을 눌렀다. 속으로 '제발!' 하고 외치며 기다렸다.

잠시 뒤, 이번에는 누군가의 뒤통수만 보였다. 어리둥절했지만 일단 채리는 소리치듯 말했다.

"우리 자동차가 모래밭에 빠졌어요. 좀 도와주세요."

그러나 상대는 한참이나 반응이 없었다.

"뭐야, 무섭게. 왜 뒤통수만 보여?"

어느새 옆으로 다가온 한주가 투덜거렸다. 그래도 저편에서는 아무런 대꾸가 없었다.

"이상해. 우리 말을 알아듣지 못하나 봐. 빨리 다른 번호, 행운의 숫자 7 어때?"

한주는 그렇게 말하고는 77번을 눌렀다. 그러자 머리가 짧고 얼굴이 긴, 중학생쯤 되어 보이는 학생이 화면에 나타났다.

"아, 뭐야!"

뜻밖에도 그 얼굴은 길쭉이, 아니, 길주기 오빠였다.

"헤헤, 요 꼬마들! 긴급 도움 버튼을 눌렀네? 뭐가 문제지?"

"우리 자동차가 모래에 빠졌어요. 어떻게 하면 차가 빠져나갈 수 있을지……."

길쭉이의 물음에 한주가 입을 열었다. 하지만 그 말이 채 끝나기도 전에 다시 길쭉이가 말했다.

"내가 왜 너네들을 도와주냐? 미션을 성공하지 못하면 2차에서 떨어질 텐데, 잘됐네! 크크."

그러더니 엄지손가락을 아래로 내려 보이고는 곧 화면을 꺼 버렸다. 동시에 자동차 앞에 메시지가 떠올랐다.

세 번의 도움 요청을 모두 사용하였습니다.
이제부터는 스스로 문제를 해결해야 합니다.

"저 형은 어쩜 저러지? 조금만 도와주면 될 텐데, 아주 못됐어. 이제 어떡하지?"

채리도 무얼 해야 하는지 알 수 없어서 입을 열지 못했다. 그런데 그때, 뒷좌석의 홀로그램 아줌마가 화를 냈다.

"왜 가질 못하는 거예요?"

그리고 거의 동시에 안내 음성이 나왔다.

"33번 자동차는 현재 39위입니다. 종합 순위는 40위입니다."

순간 정신이 번쩍 들었다. 40위라면 세 번째 미션에 진출할 수 없는 순위였다.

"으아, 우리 탈락하겠어!"

한주가 발을 동동 구르며 말했다.

'어떻게 했지? 이럴 때는 아빠가 어떻게 했지?'

채리는 곰곰이 생각했다. 틀림없이 아빠가 말해 준 적이 있을 텐데? 아빠는 늘 '자동차 레이서가 되려면 먼저 자동차에 대해 잘 알아야 해.'라는 말을 잔소리처럼 했다. 그리고 이런저런 운전 상식들을 알려 주곤 했다. 물론 그때마다 채리는 시큰둥했다. 그저 차 타고 달리는 것이 좋았을 뿐이었다.

"휴우!"

채리는 땅바닥에 철퍼덕 주저앉았다. 한주가 옆으로 다가와 앉으며 생수병을 내밀었다. 그렇지 않아도 입이 바싹바싹 말라서 목이 말랐다. 채리는 얼른 생수병을 받아들고 벌컥벌컥 마셨다.

"켁켁! 으윽!"

너무 급하게 마시는 바람에 사레가 들었다. 쓰러진 생수병에서 물이 흘러나왔다. 채리는 물이 모래에 스며드는 것을 바라보다 순간 무릎을 탁 쳤다.

"아, 나 알 것 같아!"

채리가 환호를 지르고 얼른 자동차 트렁크를 열었다. 과연 그 안에는 양동이와 삽이 들어 있었다.

'정말 미션의 일부였구나.'

채리는 한주에게 양동이를 내밀었다.

"한주야, 내비게이션을 보면 요 옆에 개천이 있다고 표시되어 있어. 네가 가서 물 좀 떠 와."

한주는 어리둥절하면서도 얼른 양동이를 들고 옆으로 뛰어갔다. 채리는 삽을 들고 바퀴 앞쪽의 모래를 퍼내기 시작했다.

'뭐야, 진짜 모래잖아?'

채리가 게임 룸 세팅에 감탄하며 왼쪽 바퀴가 빠진 곳의 모래를 거의 다 퍼냈을 때 한주가 돌아왔다.

"에이, 진짜 개천은 아니고 물병 두 개가 놓여 있었어."

"그래? 자, 얼른 바퀴 쪽에 물을 부어 봐."

채리는 바퀴를 한주에게 맡기고 얼른 운전석으로 가 앉았다. 그리고 가속 페달을 조심스럽게 눌렀다.

'제발!'

"부르릉, 부릉."

자동차는 요란한 소리를 내며 움찔거렸다. 채리는 얼른 가속 페달을 더 꾹 밟았다.

부웅!

자동차가 경쾌한 소리를 내면서 앞으로 미끄러져 나갔다.

"됐어! 성공이야!"

한주가 채리보다 먼저 소리쳤다.

채리는 한주 쪽을 향해 주먹을 내밀었다. 한주가 주먹을 맞부딪쳤다.

"이건 또 어떻게 안 거야?"

"아빠랑 예전에 해변에 놀러 갔다가 모래사장에 차가 빠졌었는데, 그때 아빠가 이렇게 해서 빠져나왔거든."

둘은 자동차 바퀴에 집중하느라 뒷좌석의 홀로그램 아줌마를 잊고 있었다.

"빨리 좀! 시간이 없단 말이에요!"

룸 미러로 뒤를 보니, 여자아이는 배를 부여잡고 신음하고 있었다. 게다가 도착 목표 시간은 3시 30분인데, 내비게이션에 표시된 도착 예정 시간은 3시 35분이었다. 채리는 최대한 뒷좌석이 흔들리지 않게, 빠르게 운전했다. 그 덕분에 도착 목표 지점이 일 킬로미터 정도 남았을 때, 목표 시간과 예정 시간이 똑같이 3시 30분으로 표시되었다. 채리는 '할 수 있어!'라는 말을 계속 반복했다.

비포장도로가 끝나고 다시 포장도로가 나타났을 때, 안내 음성이 나왔다.

"도착 목표 시간이 삼 분 남았습니다. 삼 분이 지나면 탑승 환자가 몹시 위험에 빠지게 됩니다."

마지막 교차로가 문제였다. 네 방향 모두 자동차들이 가득했다. 겨우 포장도로에 진입하긴 했지만 직진 신호를 바로 받을 수가 없었다. 그렇게 신호를 기다리는 동안 이 분이 지나갔다. 사거리 건

너편에 '늘푸른 병원' 간판이 보였다. 신호에 안 걸리고 달렸으면 일 분이면 거뜬할 거리였다.

뒤에서는 배를 움켜잡은 아이의 비명과 아줌마가 재촉하는 소리가 연신 들렸다. 그럴수록 채리도 조바심이 나서 견딜 수가 없었다.

드디어 직진 신호가 초록불로 바뀌고 앞에 줄지은 자동차들이 움직이기 시작했다.

'신호만 통과하면 목적지야! 조금만 더 빨리! 제발!'

앞차들이 조금씩 조금씩 앞으로 나아갔다. 하지만 얄궂게도 채리 바로 앞에서 신호가 노란불로 바뀌었다.

"안 돼!"

채리는 가속 페달을 급히 밟았다. 자동차가 쏜살같이 앞으로

내달아 빨간불로 바뀌려는 찰나에 교차로를 지났다. 그리고 핸들을 오른쪽으로 꺾어 순식간에 늘푸른 병원 정문으로 들어섰다. 그러자 저편 화면에서 붉은 글자가 깜빡거렸다.

미션에 성공했습니다.

단, 황색 신호 위반으로 벌점 3점이 추가되었습니다.

2차 미션은 27위입니다.

곧 종합 순위가 발표됩니다.

채리는 숨을 길게 내쉬었다. 27위면 탈락일까? 아직 종합 순위가 남았다. 채리는 이마에 땀을 닦으며 자동차에서 내렸다. 가슴이 계속 두근거렸다.

브레이크와 타이어의 과학

자동차 브레이크의 종류

브레이크는 운동하는 기계의 속도를 줄이거나 정지할 필요가 있을 때 사용하는 장치입니다. 자동차에는 풋 브레이크와 엔진 브레이크가 있고, 두 브레이크는 조금씩 다른 방식으로 자동차의 속도를 줄이는 데 이용됩니다.

풋 브레이크는 주 브레이크라고도 합니다. 운전자가 브레이크 페달을 밟는 힘을 증폭시키지요. 자동차 바퀴 안쪽에 드럼이 장착된 것과 디스크가 사용되는 것이 있습니다. 드럼 브레이크는 바퀴와 드럼 안쪽 부품을 마찰시키는 방식이고, 디스크 브레이크는 바퀴와 디스크 바깥 패드를 마찰시켜 바퀴를 멈추게 하는 원리입니다.

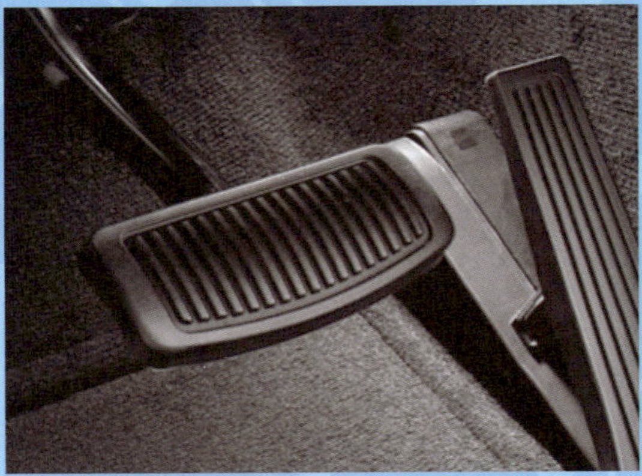

브레이크 페달

내리막길 같은 곳에서는 풋 브레이크를 지나치게 밟으면 드럼이나 디스크가 과열되어 제기능을 못할 수도 있습니다. 이 때 보조적으로 엔진 브레이크를 사용하지요.

엔진 브레이크는 기어를 낮은 쪽으로 변속시켜서 속도를 줄이는 방식입니다. 이렇게 기어를 이용해 풋 브레이크 없이도 자동차의 속도를 제어할 수 있습니다.

이 외에 주차 브레이크가 있는데, 주로 자동차를 주차할 때 사용합니다. 만

약 주 브레이크가 작동하지 않는다면 긴급한 용도로도 사용할 수 있습니다.

엔진 브레이크 역할을 하는 기어

자동차 타이어의 종류

자동차 타이어는 매우 과학적으로 만들어져 있습니다. 타이어가 많은 기능을 수행하기 때문이지요.

타이어는 차체와 승객 그리고 화물 등을 포함한 모든 무게를 감당하면서도 안정적으로 주행해야 합니다. 이 뿐만 아니라 정지할 때에도 미끄러지지 않고 제때에 멈추어야 합니다. 또 소음이 적어야 하고, 차체가 회전할 때도 쏠림이 없도록 해야 하지요.

타이어에는 여러 모양으로 홈이 패여 있습니다. 이 홈을 그루브라고 하는데, 그 모양에 따라 타이어의 기능이 조금씩 달라집니다. 브이(V)자형 홈이 패여 있는 타이어는 배수성이 좋아서 덜 미끄러지며, 빠른 속도로 달릴 때에 편리합니다. 반면 고속버스 타이어를 보면 세로로 굵은 줄을 그은 듯 홈이 패여 있는데, 이런 타이어는 회전 저항이 적어서 소음이 적고 직진 주행을 할 때 좋아요. 또, 트럭의 경우는 가로 홈이 많이 패인 타이어를 쓰는데, 소음이 많이 나긴 하지만 제동력이 좋습니다. 이렇게 자동차의 기능에 따

고속버스 타이어
세로줄 홈이 패였고, 소음이 적어서 편안해요.

빗길용 타이어
브이자형 홈으로 물이 잘 흡수되어 덜 미끄러워요.

겨울용 타이어
그루브가 작고 핀이 박혀 있어 덜 미끄러워요.

트럭 타이어
가로줄 홈이 패였고, 제동력이 좋아요.

라서 조금씩 다른 타이어를 사용한답니다.

그렇다면 자동차 타이어는 왜 모두 검은색일까요? 물론 타이어에 검은색을 내는 안료가 섞여 있기 때문입니다. 검은색 안료는 다른 색 안료에 비해 접착이 더 잘됩니다. 그러면 도로에 닿았을 때 안전성이 높고, 나아가 에너지 절감에도 도움이 된답니다. 가끔 다른 색깔 타이어를 볼 수 있지만 대체로 소형 자동차들에만 쓰입니다. 모두 안전성 때문이지요.

제동 거리

제동 거리는 브레이크가 완전히 작동한 순간부터 자동차가 멈출 때까지 자동차가 움직인 거리를 말합니다. 이때 제동 거리에 영향을 미치는 것은 자동차의 속력과 승객과 화물을 포함한 자동차의 무게, 도로의 상태, 공기의 저항 그리고 타이어의 마모 정도입니다. 그러므로 운전자는 도로의 위험을 되도록 빨리 알아차리고 브레이크를 밟아야 합니다. 운전자가 위험을 알아차리고 브레이크를 밟은 뒤 브레이크가 실제로 작동하기까지 나아간 거리

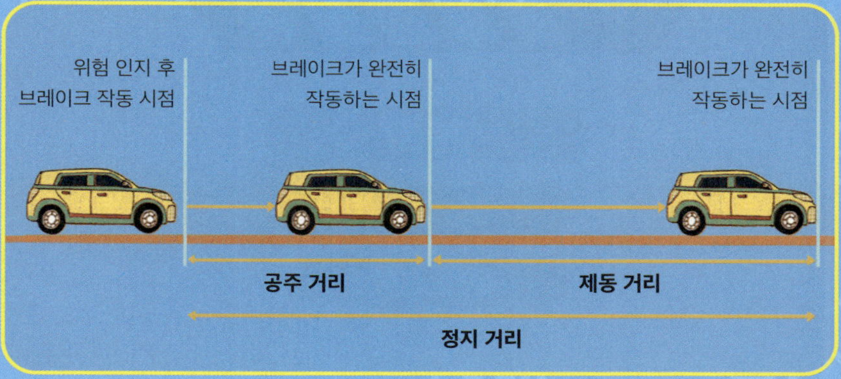

를 공주 거리라고 합니다. 이 공주 거리와 제동 거리를 합해 움직인 만큼이 정지 거리입니다. 승객을 많이 태우고 있거나 땅이 미끄러울 경우는 전체 정지 거리가 아주 길어지므로 앞차와의 거리를 적당히 둔 상태에서 운전해야 하지요.

5

출발

자율주행 모드

경로 탐색

도움말

뜻밖의 한 팀

"오! 못난이 남매도 3차까지 올라왔네?"

막 대기실을 나서는데 저편에서 누군가 빈정대며 다가왔다. 몸에 착 달라붙는 유니폼을 입고 있었는데, 한눈에 보아도 길쭉이였다.

"우리 못난이도 남매도 아니거든요!"

채리는 소리를 높여 쏘아붙였다.

"뭐 아무튼 운이 좋아 여기까지 온 모양인데, 이번 미션은 만만치 않을걸?"

"흥! 오빠 걱정이나 해요."

"내가 무슨 걱정? 그러지 말고 미리 포기하는 건 어때? 창피당할 게 뻔하잖아."

"절대 그럴 일 없어요. 형이나 조심하라고요!"

이번에는 한주가 대들듯 말했다.

"에이, 이 쪼끄만 녀석들이……."

길쭉이는 당장에라도 꿀밤을 한 대 때릴 듯 오른손을 들어 올렸다. 채리와 한주는 슬쩍 뒤로 두어 걸음 물러났다. 그때, 안내 방송이 흘러나왔다.

"곧 게임이 시작됩니다. 모든 출전자는 각자의 게임 룸으로 이동해 주시길 바랍니다. 이번 미션은 모든 선수가 동시에 출발하며, 중간 탈락자가 나올 수 있습니다."

방송이 끝나자 길쭉이는 피식 웃고는 뒤로 물러났다. 그러더니 혓바닥을 쭉 내밀고 대기실을 빠져나갔다.

"에잇, 저 형 뭐냐?"

"뭐긴, 그냥 길쭉이지. 크크큭!"

채리는 가볍게 웃으며 일단 게임 룸으로 향했다.

"이번 미션은 뭘까?"

한주가 뒤따라오면서 중얼거렸다. 채리도 궁금해하며 게임 룸 앞에 이르렀다. 굳게 닫혔던 문이 스르르 열렸다. 채리와 한주는 게임 룸 안으로 들어갔다.

"우아, 이게 뭐야?"

게임 룸에 들어서자마자 한주가 기가 막히다는 듯 말했다. 3차 미션 자동차는 유선형 디자인의 트럭이었다. 그런데 앞부분이 화살촉처럼 뾰족하면서도 매끄러운 것이 보통 트럭 같아 보이지는 않았다. 몸체가 뒤쪽으로 갈수록 좁아지는 형태여서 매우 날렵해 보였다. 생김새는 요상했지만 그래도 트럭은 트럭이었다. 채리는 일단 길게 숨을 내쉬었다. 게임 룸 한편에 안내 글자가 나타났다.

지금 트럭 뒤에는 'K-의학연구소'에서 실험 중인 바이러스가 유리 드럼통에 실려 있습니다. 이 바이러스는 충격을 가할 경우 활동성이 강해져서 밖으로 유출될 수 있으며, 그 경우 단시간에 서울 인구 1/10을 감염시킬 수 있습니다. 여러분은 매우 중대한 임무를 받았습니다. 이 바이러스를 목표 지점까지 무사히 운반하길 바랍니다. 가장 먼저 무사히 운반하는 팀이 우승합니다.

곧 마지막 미션이 시작됩니다. 이번 결승에서는 30대의 자동차가 동시에 출발합니다.

글자는 잠시 뒤 사라졌고, 채리는 재빨리 트럭에 올라탔다. 그러자 게임 룸의 불이 모두 꺼졌다. 게임 시작을 기다리는데 무슨 일인지 다시 불이 켜졌다. 그리고 안내 방송이 나왔다.

"33번 참가자에게 알립니다. 팀원을 추가하시겠습니까? 한 팀은 최고 세 명까지 가능합니다. 추가를 원하시면 게임의 리더가 오른손을 들어 주세요."

"무슨 말이야?"

채리가 한주를 보며 물었다.

"누군가 우리 팀에 들어오고 싶어 한다는 뜻이야."

"대체 누가? 그럴 만한 사람이 없잖아."

"글쎄, 그건 나도 모르지. 일단 오른손을 들어 봐. 둘보다는 셋이 낫겠지."

한주는 의외로 담담하게 말했다.

도대체 누굴까? 한주 빼고는 친구들에게 말하지도 않았는데?

그런 생각을 하고 있는데, 한주가 채리의 옆구리를 툭 쳤다.

"뭐 해, 빨리 손들지 않고?"

채리는 얼결에 오른손을 들었다. 이내 게임 룸의 문이 천천히 열렸다. 채리는 깜짝 놀라고 말았다. 휠체어를 탄 아빠가 출입문 앞에 있었다.

"아, 아빠?"

채리는 얼른 자동차에서 내려 아빠에게 달려갔다.

"도대체 어떻게 된 거예요?"

"자, 이야기는 나중에 하고 얼른 게임을 시작해야지. 다른 팀들도 기다리고 있으니까. 한주야, 고맙구나."

"뭘요. 이쪽으로 오세요."

채리가 어리둥절하고 있는 사이, 한주는 아빠를 부축해서 조수석 쪽에 타도록 도와주었다.

'설마 한주가 아빠한테 연락했나?'

일단 채리는 운전석에, 한주가 아빠 옆 조수석에 앉았다. 트럭이라 그런지 앞자리가 넓어서 셋이 앉고도 여유 있었다. 세 사람이 모두 자동차에 오르자, 게임 룸이 다시 어두워졌다. 한쪽 벽면의 글씨가 깜박거렸다.

곧 게임이 시작됩니다.

그리고 얼마 지나지 않아 곧 사방이 환해졌다. 채리의 33번 자동차는 어떤 병원 앞에 서 있었다. 내비게이션에는 'X-연구소'라는 곳이 목적지로 설정되어 있었다. 그런데 여러 운전 장치가 낯설었다. 아무리 보아도 일반 자동차와는 좀 달라 보였다. 마침 아빠가 말했다.

"이건 자율주행 자동차구나."

출발
자율주행 모드
경로 탐색
33
도움말

"네? 그럼 자동차가 알아서 운전하니까 게임하는 의미가 없을 텐데요?"

"흠, 꼭 그렇진 않아. 운전은 안 하더라도 이 자동차가 아무런 문제 없이 안전하게 갈 수 있도록 최상의 운행 조건을 만들어 줘야 해."

"그게 무슨 말이에요? 아, 아빠! 다른 자동차들이 출발하고 있어요. 우리도 얼른 출발해야 해요!"

22번 트럭, 19번 트럭, 9번 트럭, 비슷비슷하게 생긴 트럭들이 줄줄이 나아갔다. 채리는 마음이 다급해졌다. 일단 운전대 옆의 빨간색 버튼을 눌러 시동부터 걸었다.

그때, 아빠가 다급히 말했다.

"잠깐만, 채리야. 확인할 게 있어."

그 말에 채리와 한주는 동시에 초조한 표정으로 아빠를 쳐다보았다.

아빠가 말을 이었다.

"너희가 얼른 내려서 자동차 앞뒤에 설치된 카메라나 센서를 살펴봐. 혹시라도 먼지가 심하게 끼어 있거나 하면 깨끗이 닦고."

"아빠, 지금도 늦었어요. 얼른 출발해야 해요."

아빠의 조심성은 예나 지금이나 변함없었다. 채리는 당장이라도 출발해야 할 것 같았지만 아빠의 고집을 알고 있었다. 하는 수 없이 채리는 한주와 함께 아빠가 건넨 손수건을 들고 바깥으로 나갔다. 자동차 주변을 빙 둘러 자동차의 앞뒤, 구석에 설치된 카메라와 센서들을 보이는 대로 닦았다. 그러고 나서 얼른 자동차로 돌아왔다.

"자, 이제 출발하자."

그런데 그때, 내비게이션 화면 창이 붉게 번쩍거리면서 주의 메시지가 떴다.

이 자동차는 자율주행과 운전자의 수동 운전이 모두 가능한 자동차입니다. 그러나 운전자의 수동 운전 비율이 총 운전 거리의 10%를 넘으면 안 됩니다.

"채리야, 어서 출발하라고 해!"

한주의 재촉에 채리는 얼른 아무렇게나 명령했다.

"목적지를 향해서 출발!"

하지만 자동차는 바로 출발하지 않고, 내비게이션이 말했다.

"현재 목적지까지 네 개의 경로가 검색됩니다. 어떤 경로를 선택하시겠습니까?"

"어휴, 가장 빠른 경로로 가면 되잖아. 빨리 출발하란 말야!"

채리는 내비게이션에게 짜증을 내면서 소리쳤다. 그제야 자동차가 움직이기 시작했다.

게임 룸 안에 나타난 도로는 넓게 트인 4차선 도로였다. 양옆으로는 높은 건물들이 서 있었다. 버스, 승용차, 택시가 지나다녔다. 이번에도 진짜 도로 같았다. 속도감이 그대로 느껴졌고, 하늘 빛이나 길거리 사람들도 실제나 다름없었다. 다른 자동차들이 이미 다 출발해서 그런지 도로는 비교적 한산했다. 채리는 속도를 조금 더 높이기로 했다.

"조금 더 빨리 달려."

그 말에 내비게이션에서 '속도를 약 십 퍼센트 증가하겠습니다.' 라는 안내 음성이 나왔다. 하지만 오래가지 못해 급히 속력을 줄였다. 도로 저 앞에서 연기가 피어오르는 게 보였다. 속도를 줄이며 가까이 다가가자 먼저 출발했던 19번 자동차가 빨간색 승용차와 충돌한 채 옆으로 넘어져 있었다. 그런데 한 대가 아니었다. 22번 자동차와 8번 자동차도 뒤엉켜 있었다.

"아니, 도대체 무슨 일이 있었던 거지?"

"채리야, 저쪽에도 있어."

더 앞쪽에는 48번 자동차가 멈추어 있었다. 자동차는 멀쩡해 보였는데 지나면서 보니, 그 옆쪽으로 오토바이가 넘어져 있고 까만 옷을 입은 남자가 겨우 일어난 듯 비틀거리고 있었다. 48번 자동차가 오토바이를 들이받은 모양이었다.

"이게 대체 몇 중 추돌이야?"

"센서에 문제가 있었던 것 같구나."

채리가 아빠를 빤히 쳐다보자 아빠가 말을 이었다.

"자세한 건 알 수 없지만 19번 자동차가 신호등을 인식하지 못한 것 같아. 다른 차들도 마찬가지고. 그리고 48번 자동차는 아마 옆에서 들어오는 오토바이를 보지 못했을 거야."

"그 모든 걸 센서가 파악해야 한다고요?"

"물론이지. 자율주행 자동차의 센서는 운전자의 눈과 같아. 자율주행 자동차는 사람의 도움 없이도 신호나 장애물 상태를 판단해야 하는데, 센서가 적절하게 알아차리지 못하면 저런 사고가 나지."

"설마……."

"만약에 흙탕물이 센서나 주변 정보를 수집하는 카메라에 튀어

시야를 가렸다면 무슨 일이 일어날까?"

무슨 말인지 이해가 갔다. 그래서 아빠가 센서를 충분히 살펴보라고 했구나 하는 생각이 들었다.

아빠는 전체 경로를 유심히 살펴보더니, 지도를 크게 확대했다가 축소하기를 반복했다.

"안 되겠다. 경로를 변경해야겠어. 내비게이션이 추천하는 경로 중에서 제4 경로로 가자."

"제4 경로라고요?"

채리는 내비게이션 추천 경로를 다시 살펴보았다. 제4 경로는 제1 경로보다 칠 킬로미터나 더 멀었다.

"아빠! 지금도 늦었는데 더 멀리 돌아가자고요?"

채리가 따지듯이 말했다.

"제4 경로는 대부분이 스마트 도로야. 자율주행 자동차는 스마트 도로가 가장 안전해. 꼭 이 길로 가야 해."

"스마트 도로가 뭔지는 모르지만 그러다가 순위에 들지도 못해요. 그냥 빠른 길로 가요. 더구나 이 자동차는 자율주행 자동차잖아요."

"그래서 더더욱 제4 경로로 가야 한다니까. 생각해 봐, 채리야. 모든 참가자가 똑같은 자율주행 자동차를 타고 있어. 이 말은 운전자의 실력이 아무리 뛰어나도 자기가 직접 운전하는 게 아니라서 결국은 자율주행 자동차가 가장 안전하게 달릴 수 있는 조건을 찾아야 한다는 뜻이야."

아빠의 말대로라면 운전도 자동차가 스스로 하는 거고, 안전도 자동차가 알아서 챙길 텐데, 왜 굳이 돌아가야 하는 걸까. 채리는 이해가 가지 않아 순순히 경로를 바꾸지 않고 버텼다.

그때, 안내 음성이 흘러나왔다.

"33번 자동차는 현재 사고를 일으켜 실격된 세 대의 자동차를 제외하고 27위를 유지하고 있습니다."

꼴찌라는 말이었다. 채리는 눈앞이 캄캄했다. 그런 채리의 심정을 아는지 모르는지 아빠는 경로를 제4 경로로 바꾸었다.

"그런데 아저씨, 스마트 도로가 뭔데요?"

제4 경로에 들어서고 얼마 지나지 않아 한주가 물었다.

"지금 우리가 달리는 도로를 봐. 아까의 도로와는 무언가 다르지 않아?"

아빠의 말에 한주는 얼른 차창 밖을 유심히 살폈다. 채리도 궁금하긴 했지만 아무 말도 하지 않고 가만히 있었다. 아빠가 야속했다. 아빠는 그저 안전하기만을 바라는 것 같았다. 이건 이겨야 하는 게임인데!

"아, 알겠어요. 우리가 처음 달리던 도로에 비해서 주변에 카메라도 많고, 와이파이도 곳곳에 설치되어 있네요. 차선도 더 선명해요. 내비게이션은 아까보다 말이 더 많아졌고요."

바깥을 유심히 쳐다보지 않아 카메라가 많은지 어떤지는 잘 알 수 없었지만, 내비게이션이 한층 더 시끄러워진 건 사실이었다. 도로의 상황이 어떤지, 심지어 날씨까지 세세히 전달했다.

'그런데 그게 뭐?'

채리는 시큰둥했다. 여전히 멀리 돌아간다는 사실 때문에 기분이 언짢았다.

'꼭 순위 안에 들고 싶은데…….'

아빠는 한주의 질문에 대답했다.

"맞아. 스마트 도로는 보이는 것처럼 온갖 장비와 통신 시설을 설치한 도로야. 이런 첨단 기기들은 도로의 모든 정보를 수집해서 이 도로 위의 모든 자동차에 실시간으로 전달해. 사실 이런 정보를 주고받지 못하면 아무리 훌륭한 자율주행 자동차라도 제 기능을 발휘하기 힘들단다."

"오호! 그 덕분에 교통 상황이 원활한 거군요?"

한주가 신기해하며 눈을 동그랗게 뜨고 고개를 크게 끄덕였다. 아빠는 씩 웃었다.

"그런데 아저씨는 어떻게 이런 걸 다 알아요?"

"허허, 녀석. 당연한 거 아니야? 아저씨는 오랫동안 운전을 했었고, 비록 지금은 못하지만……. 언젠가 자율주행 자동차가 일상적으로 쓰이게 되면, 나 같은 사람들도 얼마든지 운전할 수 있는 세상이 오지 않겠어? 그러니 미리 준비해 둬야지."

아빠가 환하게 웃으며 대답했다.

그제야 채리는 아빠가 자동차 박람회장에 나타났던 이유를 알 것 같았다. 그때도 아빠는 자율주행 자동차 전용 부스에 갔었다. 공연히 아빠에게 미안한 마음이 들었다.

그런데 그즈음이었다. 안내 음성이 울려 나왔다.

"33번 자동차는 현재 17위를 유지하고 있습니다."

갑자기 17위라니? 무려 열 순위를 뛰어올랐다고? 너무나 뜻밖이었다. 채리는 깜짝 놀라서 아빠를 쳐다보았다. 아빠는 이럴 줄 다 알고 있었다는 듯 씩 미소를 지었다.

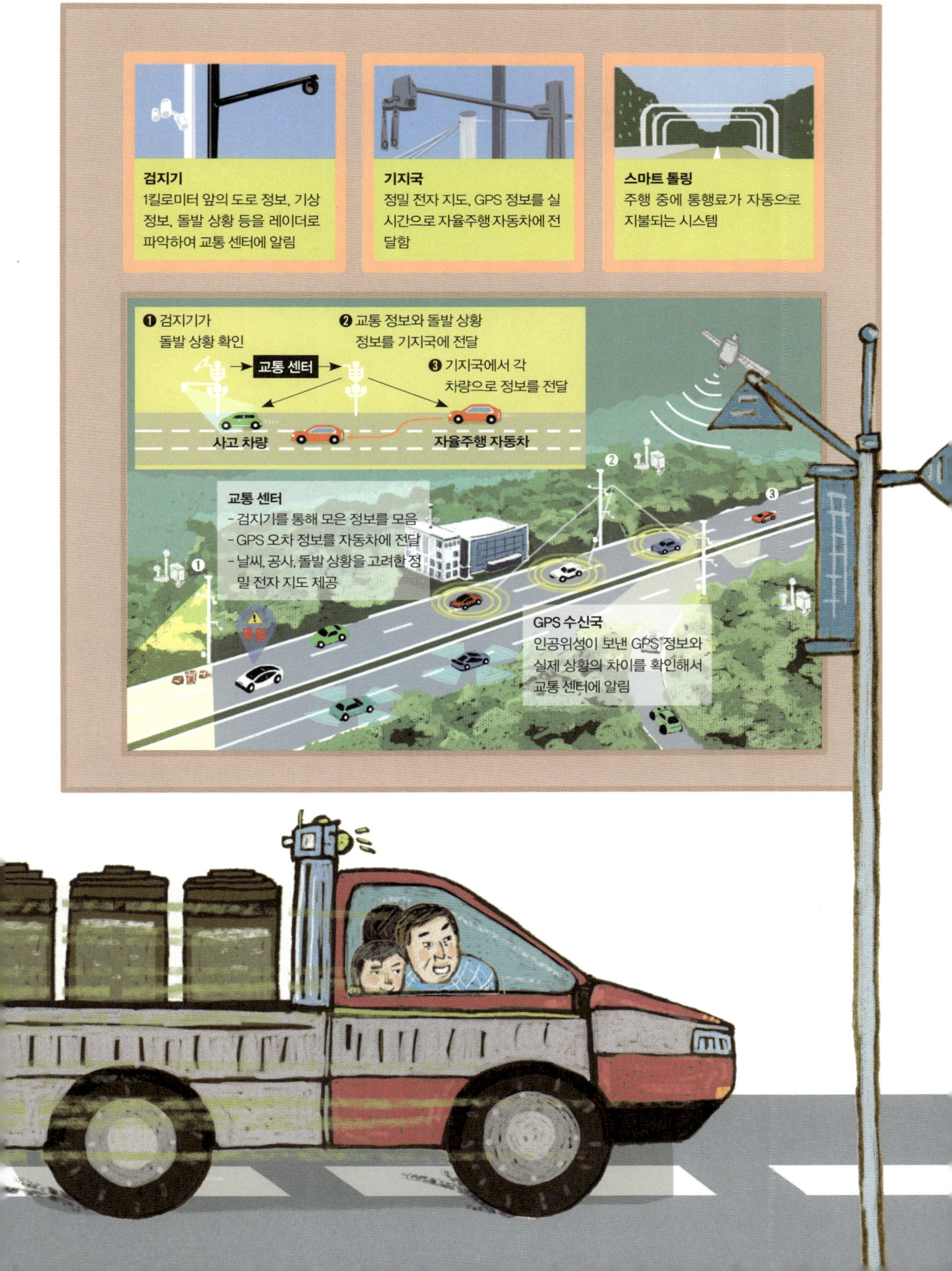

검지기
1킬로미터 앞의 도로 정보, 기상 정보, 돌발 상황 등을 레이더로 파악하여 교통 센터에 알림
기지국
정밀 전자 지도, GPS 정보를 실시간으로 자율주행 자동차에 전달함
스마트 톨링
주행 중에 통행료가 자동으로 지불되는 시스템
❶ 검지기가 돌발 상황 확인
❷ 교통 정보와 돌발 상황 정보를 기지국에 전달
❸ 기지국에서 각 차량으로 정보를 전달
교통 센터
사고 차량
자율주행 자동차
교통 센터
- 검지기를 통해 모은 정보를 모음
- GPS 오차 정보를 자동차에 전달
- 날씨, 공사, 돌발 상황을 고려한 정밀 전자 지도 제공
위험
GPS 수신국
인공위성이 보낸 GPS 정보와 실제 상황의 차이를 확인해서 교통 센터에 알림

"우아! 정말이네요?"

한주는 또 놀란 표정으로 아빠와 채리를 번갈아 쳐다보았다. 채리는 겸연쩍어서 아무런 말도 할 수가 없었다. 괜히 쭈뼛거리면서 창 밖의 스마트 도로를 한참이나 쳐다보았다. 그때, 또다시 안내 음성이 나왔다.

"33번 자동차는 현재 13위를 유지하고 있습니다."

순간, 정신이 번쩍 들며 가슴이 벅차올랐다. 잘하면 순위권에 들 수도 있겠다는 생각이 들었다.

"아빠, 이제 또 뭘 해야 하죠? 자율주행 자동차가 더 안전하고 빠르게 달릴 방법을 알려 줘요."

"그렇지 않아도 지금 찾고 있단다. 우리가 7위 안에 입상하려면, 자동차를 위해서 뭘 해야……."

그런데 바로 그때였다. 아빠의 말이 채 끝나기도 전에, 자동차가 급정거를 했다.

"우아아악!"

채리와 한주 그리고 아빠는 동시에 자동차 앞쪽으로 휘청했다.

"채리야! 왜 갑자기 브레이크를 밟아?"

조수석 쪽 창문에 얼굴을 부딪힌 한주가 말했다.

"아냐, 내가 그런 게 아니야! 난 가만히 있었어. 차가 그런 거야."

"도대체 무슨 일이지?"

아빠가 고개를 갸웃거렸다. 자동차는 다시 슬슬 움직이기 시작했다. 물론 속도는 눈에 띄게 줄어 있었다.

"조금 더 빨리 달려야 해!"

채리가 자동차에게 명령했지만, 듣지 않았다. 도리어 잠시 뒤에는 다시 브레이크를 꽉 밟은 듯이 멈춰섰다. 그 바람에 자동차가 심하게 덜컹거렸다. 거기서 끝이 아니었다. 운전대도 말을 듣지 않고 왔다 갔다 했다. 자동차는 제멋대로 지그재그로 움직였다. 그러면서 가다가 갑자기 멈춰 서기를 반복했다.

"아, 아빠……."

겁에 질린 채리는 아빠를 쳐다보았다.

"뒷좌석에 실린 바이러스는 괜찮은 걸까?"

"아직은 별 이상 없는 것 같아요."

아빠의 물음에 한주가 대신 대답했다. 그 와중에도 채리는 아직 순위가 밀리지 않아 안심했다.

아빠는 잔뜩 인상을 찌푸린 채 차창 밖을 유심히 쳐다보고, 내비게이션과 운전석 쪽의 여러 장치를 하나씩 살폈다. 그러다가 고개를 갸웃거렸다.

"아무런 이상이 없는데? 바깥 상황도 특별히 위험한 상황이 아

니고, 내부의 기기들도 문제가 없는……, 아! 설마?"

아빠의 얼굴이 순식간에 굳었다.

"왜요, 아빠?"

"해킹……."

아빠가 낮은 소리로 말하면서 말끝을 흐렸다.

"해킹이오? 자동차가 해킹을 당했다고요?"

한주가 되묻자 아빠가 천천히 고개를 끄덕였다.

"그럴 리가! 자동차가 무슨 컴퓨터도 아니고."

채리는 고개를 저으며 중얼거렸다. 믿을 수가 없었다.

"물론 우리가 사용하는 컴퓨터와는 다르지만 그런 역할을 하는 제어 장치가 있어. 'ECU(Electronic Control Unit)'라고 부르는데, 이 ECU가 정보를 받아서 여러 운전 상황에 맞게 판단을 해. 그래서 한 대의 자동차에 여러 개의 ECU를 탑재하는데……."

아빠는 침착하게 설명하다가 운전석 앞쪽의 계기판을 유심히 살펴보았다. 그런 중에도 자동차는 덜컥거리면서 조금 가다가 갑자기 확 멈춰 서고, 또 가다가 확 멈춰 서기를 반복했다.

끼이익
끼익
시스템에 문제가 발생하였습니다.

자율주행 자동차는 무엇인가요?

자율주행 자동차란 사람이 직접 운전하지 않아도 자동차 스스로 목적지까지 운행할 수 있는 자동차를 말합니다. 자동차에 탑재된 자율주행 시스템이 교통 상황을 정확하게 인식하고 예측하여 정체 상황을 피할 수 있습니다. 완벽한 자율주행 자동차는 스스로 판단해 교통의 흐름에 방해받지 않고 빠르게 이동할 수 있지요. 그리고 졸음이나 과속 등 사람의 실수로 생기는 교통사고를 줄일 수 있습니다. 그뿐만 아니라 신체적 장애로 운전이 어려운 사람이나 노인들을 자율주행의 도움으로 어디든 이동할 수 있게 해 줍니다. 그럼으로써 사람들의 삶의 질을 높여 주겠지요.

자율주행 자동차에 필요한 과학 기술

자율주행 자동차의 가장 중요한 기술 중의 하나가 센서입니다. 센서는 인간의 눈과 같은 역할을 하는데, 자율주행 자동차는 여러 종류의 센서를 다양하게 사용하고 있지요. 크게 이미지 카메라, 레이더(Radar)와 라이다(Lidar)가 있는데, 현재 가장 많이 사용하는 센서는 이미지 카메라와 레이더입니다.

이미지 카메라는 작은 영상 이미지로부터 도로의 차선을 인식할 수 있고, 차나 사람, 자전거 같은 물체의 움직임 유무를 파악할 수 있습니다.

레이더는 전파를 쏘아서 그 전파가 물체에 반사되어 돌아오는 속도를 측정해 자동차와의 거리와 방향 등을 알아내는 장치입니다. 이를 통해 자율주행 자동차는 다른 자동차나 지나가는 사람들의 움직임을 파악할 수 있지요.

라이다 역시 레이더와 같은 원리로 주변의 상황을 파악하는데, 레이더와 다르게 전파 대신 빛을 이용하지요. 물체의 형태를 인식하는 스캐닝 기능을 통해 자율주행 자동차는 운전자에게 필요한 정보를 좀 더 자세하게 파악합니다.

이 외에도 자율주행 자동차는 정밀한 디지털 지도와 운전자의 호흡과 심박수 등을 측정할 수 있는 좌석을 갖추어 편안하고 안전한 운전을 하도록 돕습니다.

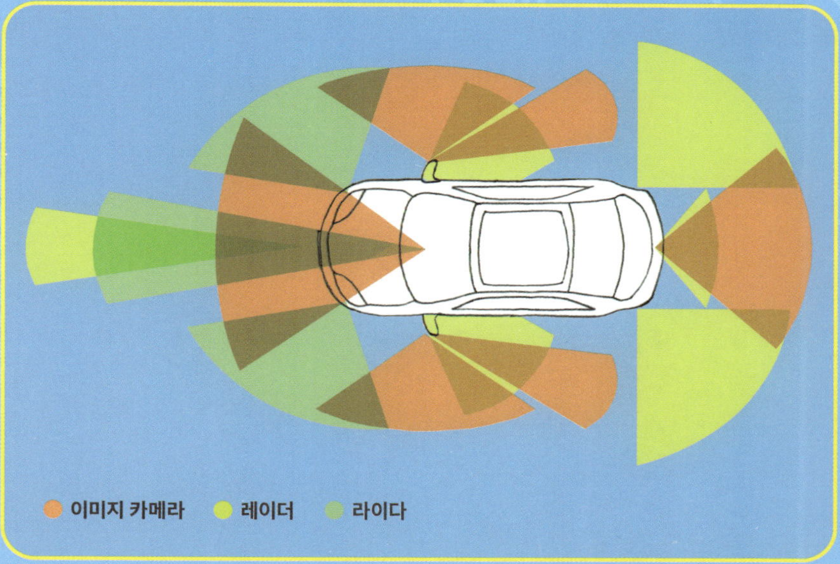

자율주행의 6단계

수업의 난이도에 따라 초급반, 중급반, 고급반으로 나누어지듯이, 자율주행 기술에도 단계가 있습니다. 자율주행 시스템이 어떤 운전을 할 수 있는지, 운전자가 차를 얼마나 제어해야 하는지에 따라 '비자동화'에서 '완전 자동화'까지 단계가 나뉘어진답니다. 2016년부터 국제 자동차 기술자 협회(SAE

International)에서 분류한 단계가 국제 기준으로 통용되고 있으며, '0단계'에서 '5단계'까지 총 6단계로 이루어집니다.

0단계는 사람이 모든 기능을 직접 조작하여 운전하는 평범한 단계입니다.

1단계에서는 운전자가 운전을 하되 일부 기능이 지원되는데, 차선을 넘었을 때 경보음이 울리는 기능이 대표적입니다.

2단계에서는 시스템이 부분적으로 주행을 보조하지만 운전자가 모든 상황을 책임지는 단계입니다.

3단계부터는 특정 조건에서 시스템이 직접 주행을 합니다. 자동차 스스로 차선을 변경하고 앞차를 추월하거나 앞에 있는 장애물을 피할 수 있지요.

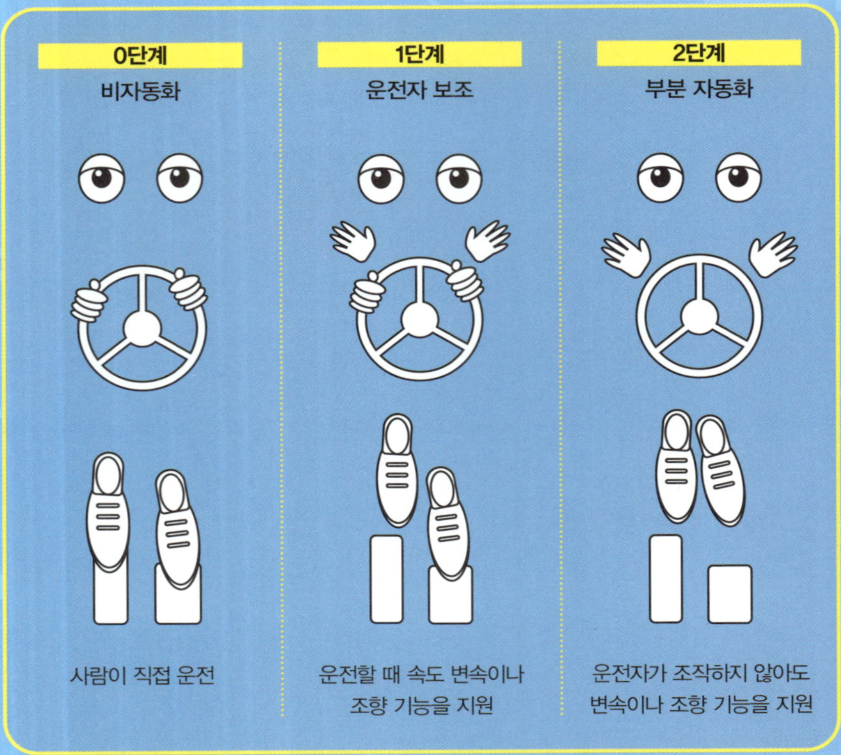

3단계는 주행 환경 인식과 자동차 제어를 스스로하지만, 자율주행 모드가 해제되면 운전자에게 도움을 요청합니다.

4단계는 시스템이 전체 주행을 한다는 점이 3단계와 같지만, 위험 상황 발생 시에도 스스로 안전하게 대응할 수 있다는 점이 다릅니다.

나아가 4단계는 자율주행을 할 수 있는 도로에 제한이 있지만, **5단계**는 아무런 제약이 없습니다. 우리나라 자동차 회사들은 고속도로 자율주행이 가능한 3단계 자동차와 도심 자율주행이 가능한 4단계 자동차 개발에 힘쓰고 있습니다.

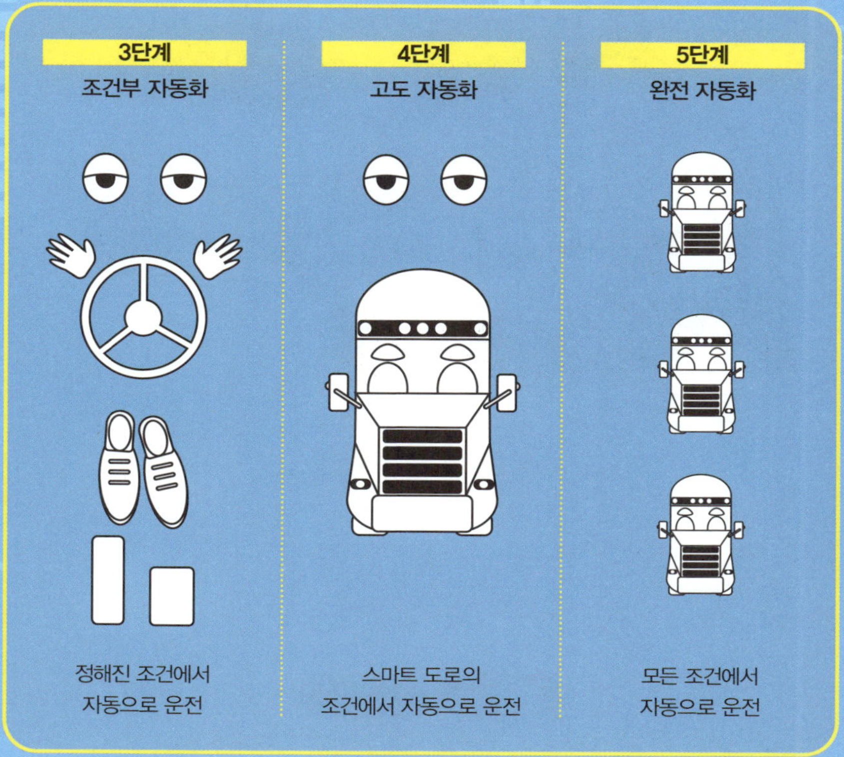

6

출발

자율주행 모드

경로 탐색

도움말

마지막 게임

해킹이 틀림없었다. 그 어떤 기능도 말을 듣지 않았다. 언젠가 컴퓨터가 바이러스 때문에 끙끙 앓던 일이 생각났다. 심지어 그 컴퓨터는 저 혼자 알 수 없는 화면을 띄우기도 깜박거리기도 했다. 모르는 프로그램을 마구 실행시켜 채리를 놀라게 했다. 지금도 그때와 별반 다르지 않았다. 채리는 더욱 겁이 났다.

"어떻게 해요, 아빠?"

"자동차를 세워 봐, 채리야! 명령을 듣지 못하니까 브레이크를 직접 밟아야 해."

채리는 시키는 대로 했지만 브레이크도 말을 듣지 않았다.

"브레이크가 듣지 않아요!"

"할 수 없구나. 채리야, 완전 수동 운전 모드로 바꾸자."

"네? 하지만 아직 거리가 많이 남았는데……."

채리는 주행 거리의 십 퍼센트 이상을 수동 운전으로 할 수 없다는 게임 원칙이 떠올랐다. 그러나 어쩔 수가 없었다.

"수동 운전 모드로 바꿔 줘!"

채리는 소리를 높였다. 그러자 자동차가 딱 멈추어 섰다.

"자, 이제 처음부터 다시 시작하면 돼. 넌 늘 레이싱 게임의 챔피언이었잖아."

아빠가 한쪽 눈을 찡긋해 보였다. 옆에서 한주도 고개를 끄덕였다. 채리는 생각을 바꾸어 오히려 잘 됐다고 여겼다. 어떻게 운전하느냐에 따라서 순위를 더 끌어올릴 수도 있으니까. 채리는 심호흡을 한 다음 기어를 바꾸고 가속 페달을 밟았다. 자동차가 움직이기 시작했다. 그때 안내 음성이 나왔다.

"현재 중도 탈락한 자동차는 모두 아홉 대이며, 33번 자동차는 현재 17위입니다."

어느새 다시 거의 꼴찌였다. 채리는 오기가 생겼다. 다행히 4차선 도로에는 자동차가 많지 않았다. 채리는 속도를 조금 올렸다. 앞서 달리던 자동차들을 빠르게 추월해 나갔다.

“채, 채리야. 조금 빠른 것 같지 않아?”

한주가 살짝 떨리는 목소리로 말했다. 하지만 채리는 못 들은 척했다. 또 자동차 몇 대를 추월하고, 택시와 빨간 승용차 그리고 버스 두 대까지 따돌렸다.

그렇게 얼마를 달렸을까? 승용차와 버스 틈에 9번 트럭이 보였다. 그 너머로 노란 택시 옆 44번 트럭도 눈에 띄었다. 채리는 저 트럭들을 따라잡는다면 10위 안에 들 수 있을지 모른다고 생각했다. 그래서 한 번 더 가속 페달을 밟았다.

“부우우웅!”

소리가 점점 커졌고, 한주의 외침도 점점 커졌다.

“채리야아아!”

한주의 목소리가 떨리고 있었다. 하지만 채리는 속도를 낮추고 싶지 않았다. 앞에 가고 있는 트럭만 따라잡으면 순위를 끌어올릴 수 있었다. 발끝에는 잔뜩 힘이 들어갔다.

그때, 아빠가 채리의 어깨를 꾹 잡았다. 아빠는 아무 말 안 했지만, 아빠의 목소리가 들리는 듯했다.

‘널 믿는다, 채리야.’

그런 생각이 들자 왠지 모르게 든든해졌다. 채리는 3차선으로 달리다가, 2차선에서 있던 흰색 승용차가 1차선으로 빠지는 것을 보고 얼른 2차선으로 들어갔다. 그리고 다시 속력을 냈다. 오른쪽 3차선에 9번 트럭이 보였다. 잠시 나란히 달리다가, 이쪽을 의식했는지 9번 트럭이 속력을 냈다. 그러나 9번 트럭 앞에는 검은색 승용차가 있었다. 그 덕분에 채리는 9번 트럭을 여유 있게 앞섰다.

하지만 아직 같은 2차선 앞쪽, 세 대의 자동차 너머에서 달리는 44번 트럭을 추월할 방법이 생각나지 않았다. 앞쪽의 자동차들도 차선을 바꿀 기미가 보이지 않았고, 3차선도 버스와 자동차가 줄줄이 달리고 있어서 끼어들 틈이 없었다. 1차선은 트럭이 진입할 수가 없어서 엄두도 내지 못했다.

그런데 44번 트럭의 오른쪽에서 77번 트럭이 나타났다. 그 트럭의 운전자가 길쭉이라는 사실이 퍼뜩 생각났다. 길쭉이의 77번 트럭이 44번 트럭 쪽으로 들어왔다. 44번 트럭은 1차선 쪽으로 밀려

났다. 그 바람에 앞쪽 승용차가 브레이크를 밟았고, 채리도 덩달아 브레이크를 밟을 수밖에 없었다. 오른쪽에서 나란히 달리던 버스는 채리를 앞서갔다. 그러자 3차선에 들어갈 틈이 생겼고, 채리는 재빨리 3차선으로 나갔다. 곧바로 한 번 더 오른쪽으로 차선을 바꾸었다.

4차선에 의외로 자동차가 없어서 채리는 힘껏 속력을 냈다. 그리고 한참을 달리다가 다시 3차선으로 들어왔을 때, 2차선의 77번 트럭 바로 뒤까지 따라붙었다. 채리는 서두르지 않고 앞으로 쭈욱 나갔다.

하지만 잠깐이었다. 77번 트럭이 이번에는 무리하게 3차선으로 끼어들었다. 그러자 바로 앞의 빨간색 승용차가 급브레이크를 잡았고, 덩달아 채리도 얼른 브레이크를 밟았다. 그 틈을 타서 77번 트럭은 앞으로 쭉 나갔다.

"저 길쭉이 형은 도대체 왜 저러는 거야? 저거 반칙 아니야?"

결승선이 얼마 남지 않았습니다!
탈락

한주가 투덜대며 말했다. 길쭉이는 자신을 따라잡을 만한 자동차들을 미리 탈락시키려는 듯했다. 순순히 당할 수 없었다. 채리는 바로 앞의 빨간색 승용차가 1차선으로 빠져나간 틈을 이용해 앞으로 쭉 나아갔다. 반면, 2차선으로 옮겨 갔던 77번 자동차는 1차선에서 나온 버스가 앞을 가로막는 바람에 주춤했다. 채리는 앞으로 더 나아가 77번 트럭과 나란히 달렸다. 그런데 바로 그 순간, 77번 트럭이 채리 쪽으로 머리를 들이밀었다.

"으아악!"

한주가 가장 먼저 소리를 질렀다. 채리는 미처 옆을 살피지 못하고 재빨리 4차선으로 피했다. 다행히 4차선에 자동차가 많이 없어서 사고는 나지 않았다.

"채리야, 그냥 가자. 앞지르지 마. 하마터면 사고날 뻔했어."

한주가 말했다.

채리 역시 겁이 나서 더 이상 어찌해 볼 엄두를 내지 못했다. 그런데 그때였다. 다시 77번 자동차가 4차선까지 내려와 앞을 가로막았다. 채리는 다시 3차선으로 올라갔다. 77번 트럭도 3차선으로 따라왔다. 채리는 잠깐 고민하다가 재빨리 2차선으로 올라갔다. 기다렸다는 듯 77번 트럭이 2차선으로 따라와 앞을 막았다. 심지어 급브레이크까지 밟아 댔다.

"으어어어!"

한주가 요란하게 비명을 질렀다.

계속 가만히 있던 아빠도 이번에는 몸을 꿈틀거리는 게 느껴졌다.

하지만 채리는 침을 꿀꺽 삼키고 다시 3차선으로 갔고, 바로 앞의 택시를 피해 4차선까지 피했다. 물론 77번 트럭도 채리를 따라왔다. 그걸 확인한 채리는 차선을 또 바꾸는 척하다가 그대로 쭉 내달았다. 그러자 지그재그로 앞으로 가로막던 77번 트럭이 비틀거렸다. 그러더니 왼쪽에 오던 자주색 승용차를 들이받고 차선 밖으로 튕겨 나갔다. 그 바람에 채리 바로 앞에서 달리던 은색 승합차가 급정거를 했고, 채리는 아슬아슬하게 그 차를 피해 3차선으로 나갔다. 그리고 서둘러 달렸다. 지나면서 보니 77번 트럭은 도로 옆 가드레일에 걸린 채 멈추어 있었다.

"메롱!"

한주가 77번 트럭을 향해 혀를 내밀어 보였다.

잠시 뒤, 결승선이 보였다. 채리는 쿵쾅쿵쾅 뛰는 가슴을 잠깐 한 손으로 쓸어내리고는 무사히 결승선을 통과했다. 바로 안내 방송이 흘러나왔다.

"33번 자동차는 열한 번 째로 결승선을 통과했습니다. 종합 점수에 따른 순위는 경기가 끝난 뒤에 발표됩니다. 모든 참가자는 대기실에서 기다려 주시길 바랍니다."

"그런데 두 사람, 어떻게 된 거예요?"

채리는 게임 룸에서 빠져나와 대기실로 향하면서 물었다.

한주는 얼굴이 빨개진 채 머뭇거렸다.

"어? 저, 그게……."

"사실은 아빠가 부탁했단다."

"그게 무슨 말이에요?"

"네가 몰래 RC카 동호회 경기를 구경 가고, 자동차 박람회도 간 걸 눈치챘지. 그래서 한주한테 물어봤더니 네가 이 게임에 출전한다고 하더구나."

"한주, 너! 이 고자질쟁이!"

채리는 한주를 쳐다보면서 목소리를 높였다. 그러자 아빠가 달랬다.

"내가 부탁했다고 했잖니. 아빠는 너를 많이 도와주라고 한 것뿐이야. 남자 친구 잘 사귄 줄 알아야 해! 한주가 네 걱정을 얼마나 했다고."

"악! 아빠!"

채리가 소리를 질렀다.

남자 친구라는 말에 얼굴이 후끈거렸다. 아빠는 그냥 씩 웃기만 했다. 힐끗 돌아보니, 한주도 얼굴이 새빨개져 있었다.

생각해 보면 첫 게임을 무사히 통과한 것도 한주 덕분이었다. 한주는 채리가 무슨 일을 하든지 언제나 옆에서 열심히 도왔으니까. 채리는 저도 모르게 고개를 끄덕였다.

대기실로 들어가 북적거리는 사람들을 지나 빈자리에 앉을 때까지 세 사람은 아무 말도 하지 않았다. 자리를 잡고 앉아, 채리가 긴 숨을 내쉬고 난 뒤에 아빠가 먼저 입을 열었다.

"채리 너 이번 게임을 하면서 많이 배웠겠구나. 정말 실감 나는 게임이었잖아. 그렇지? 소감을 한번 말해 봐. 어땠어?"

채리는 뭐라고 한마디로 말하기가 버거웠다. 아빠 말대로 실감 나는 게임이었지만, 보통의 레이싱 게임처럼 달리기만 한 것은 아니었다. 이것저것 많이 고민해야 했고, 자동차를 탄다는 것이 단순히 운전대만 움직이는 일이 아니라는 것도 깨달았다. 그래서 무슨 말을 먼저 꺼낼까 머뭇거리는데, 안내 방송이 울렸다.

"곧 최종 순위를 발표하겠습니다. 게임에 참가했던 선수들은 대기실에 비치된 모니터를 확인해 주시길 바랍니다."

그 말이 떨어지기 무섭게 사람들이 웅성거렸고, 채리도 얼른 일어나 두리번거렸다. 대기실의 커다란 모니터는 모두 네 개였다. 각각 모니터 앞쪽으로 사람들이 모여들었다. 채리는 오른쪽 모니터 앞으로 다가갔다. 화면의 왼편에는 레이싱 복장을 한 여자의 얼굴이, 오른편에는 자막으로 순위가 발표되고 있었다.

"어? 저 누나 그때 포스터에서 봤던 그 누나다!"

한주가 말했다.

정말 한채린 선수였다. 하지만 지금은 그게 중요한 게 아니었다. 모니터에서 벌써 7위를 발표하고 있었는데, 거기까지도 채리의 이름이 없었다. 그 이후로도 마찬가지였다.

"19번 참가자 8위! 88번 참가자 9위! 34번 참가자 10위! 55번 참가자 11위……."

아빠가 가만히 다가와 채리의 어깨를 붙잡았다.

"채리야, 괜……."

"아니에요. 저 괜찮아요. 처음이잖아요. 저 그래도 이 정도면 잘했어요, 맞죠?"

아빠가 입을 열자마자 채리는 서둘러 대답했다.

"응, 그럼."

"정말 괜찮아?"

아빠가 다시 물었다. 채리는 고개를 끄덕이면서 화면에서 눈을 떼지 않았다.

"33번 참가자 14위를 차지했습니다."

14위도 괜찮았다. 그렇다고 마음이 아주 편한 것만은 아니었다. 내심 10위 안에 들고 싶었다. 아빠에게, 무엇보다 엄마에게 할 수 있다는 것을 보여 주고 싶었으니까. 그런데 해내지 못해서 조금 울고 싶은 기분이었다.

77 49
실격 처리

대체 왜!

"아빠, 저는……."

그때였다. 반대편 모니터 쪽 사람들 틈에서 큰소리가 들렸다.

"왜 내가 실격이냐고요! 내가 마지막 미션 빼고 제일 먼저 들어왔단 말이에요. 레이싱 대회인데 빨리 달리기만 하면 되는 거 아니에요?"

소란을 피우는 참가자는 길쭉이였다. 화면에는 '77번, 49번 참가자는 자동차 안전 운전에 위배되는 행동을 하였으므로 실격 처리합니다.'라는 자막이 떠 있었다.

"저럴 줄 알았어!"

한주의 얼굴에는 고소하다는 표정이 역력히 드러나 있었다. 채리도 피식 웃고는 아빠를 쳐다보았다. 이제 아빠가 아까 한 질문에 대답할 때가 된 것 같았다.

채리는 차분하게 입을 열었다.

"게임을 하다 보니, 자동차에 대한 생각이 좀 바뀌었달까?"

그 말에 아빠가 눈을 크게 떴다.

"많은 운전자가 빠르게 가려고 자동차를 이용하잖아요. 하지만 그게 전부가 아니란 걸 알았어요."

"그럼?"

"저는…… 아빠처럼 장애가 있는 사람도 자동차를 마음껏 운전할 수 있는 그런 자동차를 만들고 싶어요. 자율주행 자동차 말이에요. 레이서는 그다음에 해도 늦지 않을 것 같고요."

"정말?"

아빠는 미소만 지었고 한주가 되물었다. 채리가 이번에는 두 사람을 번갈아 쳐다보면서 한마디 더했다.

"자율주행 자동차 시대에는 더 완벽하고 안전한 자동차를 만들어 내는 것이 무엇보다 중요한 일이라는 걸 깨달았어요. 성능이 뛰어난 센서를 만드는 일이나 안전한 주행을 위해서 정보를 관리하는 일도 그렇고요."

"그리고 완벽한 자율주행이 가능하려면 더 편리하고 다양한 기능을 갖춘 도로 시설이 필요하니까, 도로를 연구하는 일도 할 수 있겠어요."

옆에서 한주가 맞장구를 쳤다.

"맞아. 한주야, 너는 특히 컴퓨터를 잘 다루니까 맘만 먹으면 얼마든지 나랑 자동차 관련 일을 할 수 있을 거야!"

얼결에 꺼낸 말에 채리는 공연히 얼굴이 붉어졌다.

아빠는 그걸 놓치지 않고 놀리듯 말했다.

"너희가 함께 자동차 공학을 연구한다면 정말 멋지겠는데?"

"아니에요. 아빠. 꼭 같이해야 하는 건 아니고요."

채리는 손을 내저었다. 그럴수록 얼굴은 더 빨개졌다. 옆에 서 있던 한주도 덩달아 얼굴을 붉혔다. 그리고 입이 귀에 걸릴 듯이 웃고 있었다.

그 모습을 지켜보며 웃던 아빠가 말을 이었다.

"어쨌든 네 생각이 그렇다면 엄마도 좋아하실 거야."

"정말요?"

채리는 그렇지 않아도 엄마에게 무슨 말을 어떻게 해야 할지 고민하던 터였다.

"응, 네가 자동차를 대하는 생각을 넓히는 만큼 엄마도 그런 채리의 진심을 이해해 주시지 않을까?"

정말 그랬으면 좋겠다는 생각이 들었다. 채리의 마음을 눈치챈 것인지 아빠가 채리의 손을 꼭 잡아 주었다. 따뜻했다. 그리고 아빠의 그 따뜻한 손끝에서 응원이 전해지는 것 같았다. 채리는 용기가 나서 아빠의 손을 더 꼭 쥐었다. 갑자기 엄마의 얼굴이 떠올랐다. 엄마가 막 보고 싶어졌다.

"아빠, 얼른 집에 가요."

혼날 때 혼나더라도 우선은 엄마와 마주 앉아 이야기를 나누고 싶었다. 아빠의 말대로 엄마는 결국 진심을 알아 줄 것이다.

채리는 아빠와 나란히 대기실을 나섰다. 비록 '주니어 레이서 체험학습'의 기회는 날아갔지만, 마음이 훨씬 홀가분해서 빠른 걸음으로 걸었다.

"채리야, 천천히!"

아빠와 한주는 채리를 돌아보며 밝게 웃었다.

미래 자동차 세상의 직업

자율주행 자동차가 상용화되면 많은 일자리가 줄어들 거예요. 무엇보다 택시나 버스를 운전하는 기사가 줄고, 거리의 교통 경찰도 거의 볼 수 없게 될 것입니다. 그대신 자율주행 자동차와 관련된 색다른 직업들이 생겨나겠지요.

자동차 디자이너

완벽한 자율주행 자동차 시대가 오면 무엇보다 자동차에 탑승한다는 개념이 바뀔 것이에요. 지금 자동차에는 '운전'에 필요한 기능이 집중되어 있어요. 하지만 자율주행 자동차는 수동 운전이 필요하지 않기 때문에 자동차 안에서 시간을 보다 효율적으로 보낼 수 있어야 해요. 그러므로 차내 공간을 어떻게 설계하고 디자인할지 고민하는 일은 미래 자동차 산업에 가장 중요한 직업이 될 거예요.

빅데이터 전문가

자율주행 자동차는 무엇보다 정보를 주고받을 수 있는 통신 기술과 긴밀하게 움직입니다. 자율주행 자동차가 보다 빠르고 정확하게 정보를 인지해야 안전한 운행을 할 수 있으니까요. 그러므로 빅데이터(디지털 환경에서 만들어지는 수많은 데이터)를 빨리 수집하고, 운행에 필요한 정보를 정확하게 분석해 주어야 합니다. 그러므로 빅데이터 전문가는 자율주행 자동차 시대에 꼭 필요한 직업이지요.

정보 보안 전문가

자율주행 자동차는 자율주행 알고리즘에 의해 운행됩니다. 즉 매우 성능 좋은 컴퓨터가 자동차 안에 탑재되어 있다고 생각하면 되겠지요. 하지만 정보를 주고받는 과정에서 해킹을 당할 위험이 있습니다. 해킹을 당하면 운행 중에 큰 사고가 날 수도 있고, 자동차가 아예 출발하지 못할 수도 있지요. 그뿐만 아니라, 자율주행 자동차에는 탑승자의 다양한 개인 정보와 생체 정보 등이 기록돼요. 그러므로 자동자의 보안이 아주 중요하겠지요.

도로 공학 전문가

자율주행 자동차가 아무리 발달해도 알맞은 환경이 없으면 무용지물이 되기 쉽습니다. 즉 미래에는 자율주행 자동차가 아무런 장애 없이 주행할 수 있는 도로 환경을 만들어 주는 것도 매우 중요하지요. 폭우나 폭설, 강풍 등의 환경에서 견딜 수 있도록 도로를 잘 닦는 일을 넘어, 자율주행 자동차에 다양한 환경 정보를 정확하게 전달할 수 있는 시스템을 갖추어야 합니다. 통신 시설은 물론이고, 주행 중에도 연료를 공급할 수 있는 시설이라든가, 교통 정체나 사고 시 교통의 흐름을 해결해 줄 수 있는 도로 설계가 필요합니다.

인공 지능 플랫폼 전문가

자율주행 자동차의 운행과 제어에는 인공 지능(AI) 기술이 활용됩니다. 하지만 운행에 필요한 모든 명령은 탑승자가 합니다. 이를테면 '시청까지 가 줄래?'라든가, '더우니까 에어컨 좀 켜 줘!'라는 명령을 내리면 자동차가 이를 실행에 옮기지요. 또한 탑승자의 상태를 정확히 인식하여 그에 관련된 편의를 제공합니다. 음성 인식, 시각 인식 등의 다양한 기능이 필요합니다. 이러한 인공 지능 플랫폼은 보다 완벽한 자율주행 자동차를 만들어 내는 데 핵심 기술이라고 할 수 있습니다.

소프트웨어 전문가

자율주행 자동차에는 다양한 프로그램이 필요합니다. 주행에 필요한 프로그램은 물론, 탑승자에게 편의를 제공할 수 있는 프로그램도 자율주행 자동차에 필요한 소프트웨어입니다. 이를테면 홀로그램으로 볼 수 있는 내비게이션이라든가, 탑승자의 생체 리듬을 파악해 그에 맞는 습도를 유지하는 기능, 상황에 맞는 음악을 틀어 주는 프로그램 역시 소프트웨어의 역할이지요. 어떤 소프트웨어를 얼마나 다양하게 개발해 내느냐는 자율주행 자동차의 쓸모를 더욱 확대하는 역할을 할 것입니다.

어느 수상한 레이싱 게임 대회

1판 1쇄 인쇄 | 2020. 10. 28.
1판 1쇄 발행 | 2020. 11. 2.

한정영 글 | 김숙경 그림 | 허건수 멘토

발행처 김영사
발행인 고세규
편집 박지현 디자인 홍윤정 마케팅 이철주 홍보 박은경 길보경
등록번호 제 406-2003-036호
등록일자 1979. 5. 17.
주　소 경기도 파주시 문발로 197(우10881)
전　화 마케팅부 031-955-3100 편집부 031-955-3113~20
팩　스 031-955-3111

값은 표지에 있습니다.
ISBN 978-89-349-9182-3 74500
ISBN 978-89-349-6150-5(세트)

좋은 독자가 좋은 책을 만듭니다. 김영사는 독자 여러분의 의견에 항상 귀 기울이고 있습니다.
전자우편 book@gimmyoung.com | 홈페이지 www.gimmyoungjr.com

이 시리즈는 산업통상자원부의 지원을 받아 NAEK 한국공학한림원과 주니어김영사가 발간합니다.

이 도서의 국립중앙도서관 출판시도서목록(CIP)은 서지정보유통지원시스템 홈페이지(http://seoji.nl.go.kr)와
국가자료공동목록시스템(http://www.nl.go.kr/kolisnet)에서 이용하실 수 있습니다.
(CIP제어번호 : CIP2020045033)

어린이제품 안전특별법에 의한 표시사항

제품명 도서 **제조년월일** 2020년 11월 2일 **제조사명** 김영사 **주소** 10881 경기도 파주시 문발로 197
전화번호 031-955-3100 **제조국명** 대한민국 ⚠**주의** 책 모서리에 찍히거나 책장에 베이지 않게 조심하세요.